人のふり見て我がふり直せ

反面教師に学ぶ生き方レシピ

柳 愛実子
Yanagi Emiko

たま出版

はじめに

人は生きている限り、現実社会の中でさまざまな問題に直面します。目の前の問題から目を背《そむ》けることなく、しっかりと問題と向き合い、それらを解決することで、素晴らしい人間として成長します。

書物をひもとくことで知識は身につきますが、それだけでは人間として成長することはできません。問題と向き合い苦しんでいる時、いいタイミングで必要なヒントを得れば、人は気づきを得て成長することができるのです。

それでは、「人生をうまく生きるためのヒント」はどこにあるのでしょうか。一番手っ取り早いのは、「人のふり見てわがふり直せ」という方法でしょう。

人間というのは、自分自身を客観的に見ることがとても難しい生き物です。ですから、他人の言動を観察することで、それを自分自身に当てはめて反省することが、とても大切な作業になってきます。人の失敗や欠点を目にした時には、その人をあざ笑うのではなく、「自分にも同じような欠点がないか」ということを見つめ直す。さらには、相手にあって自分にはない長所も見つけ出し、そこから学んでいくことができれば理想といえるでしょう。

「子曰《しいわ》く、三人《さんにん》行《ゆ》けば、必《かなら》ず我《わ》が師《し》有《あ》り。其《そ》の善《ぜん》なる者《もの》を択《えら》びて之《これ》に従《したが》い、其《そ》の善《ぜん》ならざる者《もの》は之《これ》を改《あらた》む」～論語：述而～

意味：「孔子が言いました。多くの人がいれば、必ず其の中に見習うべき人がいるものです。その善者を択んでお手本として、不善の者は反面教師として行いを改めればいい」

「子曰《しいわ》く、賢《けん》をみては斉《ひと》しからんことを思《おも》い、不賢《ふけん》をみては内《うち》に自《みずか》ら省《かえり》みる」～論語：里仁第四の十七～

意味：「孔子が言いました。すぐれた人を見たら、自分も同じようになろうと思い、つまらぬ人を見たら自分も似たような欠点がないか、省みるのだ」

「彼《かれ》を知《し》り己《おのれ》を知《し》れば百戦殆《ひゃくせんあやう》からず。彼《かれ》を知《し》らずして己《おのれ》を知《し》れば一勝一負《いっしょういっぷ》す。彼《かれ》を知《し》らず己《おのれ》を知《し》らざれば、戦《たたか》うごとに必《かな》ず殆《あやう》し」〜孫子：謀攻〜

意味：「敵の実情と味方の実情を熟知していれば、百回戦っても負ける心配はない。敵の実情を知らず、味方のことだけを知っている状態では、勝つこともあるが負けることもある。そして敵のことも味方のことも知らなければ、必ず負けてしまうだろう」

確かに、昔の優れた思想家や賢人の言葉のとおりで、自らを成長させるためには、「周りの人を観察して自分自身の振る舞いを反省し直す」ことが大切です。人とうまくやっていくためにも、相手の性格や相手の気持ちを理解した上でうまく立ち回ることが必要です。

しかし、単にその人の言動を外から観察しただけでは、その人の本質を見誤る危険性があります。その人の生い立ちや振る舞い、そしてどのような時にどのようなことを口にしたか、どのような行動をとったかなど、多くのデータを分析しなければ、その人の本質を見抜くことはできません。

私はこれまでの人生で、人間観察力を駆使して、私自身と関わった多くの方からさまざまな教訓をいただきました。

その実例を挙げながら、「他人の生き方から人生の教訓を学ぶ」方法をご紹介しましょう。

人のふり見て我がふり直せ
～反面教師に学ぶ生き方レシピ～

目　次

はじめに　1

Section
1
人の本質を見抜く方法

Section
2
十二人の反面教師

ティーブレーク・知っておきたい豆知識

Section

3

人間評価の尺度

人の本質を見抜く方法

Section

01

顕在意識と潜在意識

私たち人間は、以下のような二種類の意識を持っているようです。

①顕在意識（心：自分の思い）…自分の思っている姿
②潜在意識（魂：自分の本性）…傍らにいる人から見た自分

①の顕在意識というのは、普段私たちが意識している自分のことです。「自分とはどんな人間なのか」評価しているご自身の姿を表します。

②の潜在意識とは、私たちが「普段意識することのできない意識」のことです。無意識のうちに人の行動を支配する、その人の「本性」のようなものです。身近で接している人が評価している自分の姿を表します。

人間の意識のうち、顕在意識を占める割合は一〇パーセント程度であり、潜在意識を占める割合は九〇パーセント程度であると言われています。

左図が示すように、人間の意識の大半は潜在意識が占めています。つまり、

潜在意識と顕在意識

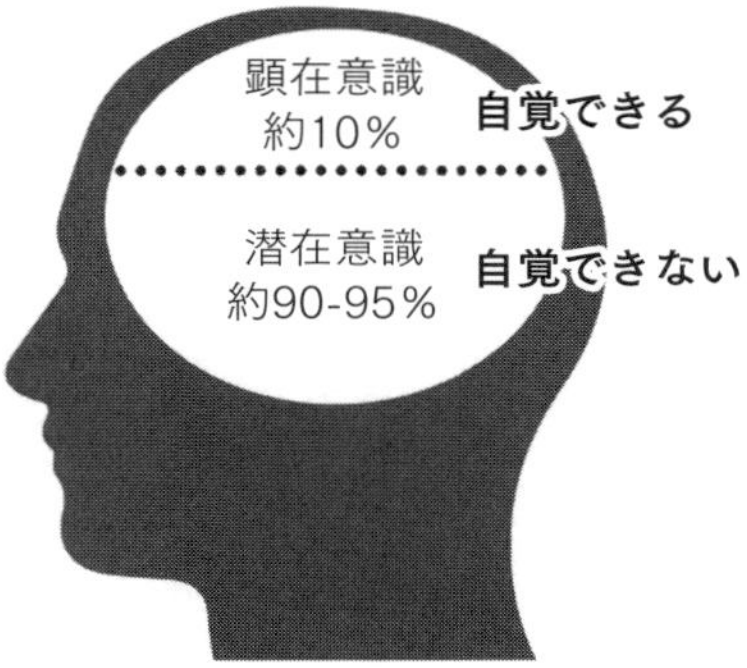

普段意識している顕在意識よりも自覚できていない潜在意識の方が、圧倒的に影響力が大きいのです。

潜在意識が変わらないと行動も変わらない

例えば、あなたが「ダイエットを成功させたい！」と強い意志を持って挑んだとしましょう。ところが、結果としてダイエットができませんでした。

その原因はどこにあるのか。それは、「ダイエットを成功させたい！」と顕在意識で考えていただけであり、潜在意識では「空腹を我慢してわざわざ苦しい思いまでしてダイエットなんかしたくない」と考えていたからです。潜在意識そのものが「ダイエットして健康で長生きしたい」という方向に変わらない限り、ダイエットはなかなか成功しないわけです。

顕在意識では「ダイエットしよう！」と思い、潜在意識では「ダイエットしたくない！」と思っているので、顕在意識と潜在意識とが矛盾しています。

その場合、勝つのは潜在意識です。顕在意識で思っていても、潜在意識の意向には勝てないのです。

また、顕在意識で「禁煙しよう！」と強く誓っても、潜在意識では「タバコを我慢するのは嫌だ！」と思っている限り、その禁煙は続きません。潜在意識の方が影響力の大きい意識だからです。

潜在意識を変えるためには

それでは、どのようにしたら潜在意識を変えることができるのでしょうか。

「タバコは体に良くない」という知識を身につけて、「タバコを止めてみよう！」

と顕在意識で思います。しかし、潜在意識が「タバコを吸うと気分が変わるし、なんで我慢して止めなきゃならないの⁉」と考えている限り、禁煙は大きなストレスになります。ところが、肺炎を起こして苦しい思いをした時に、主治医の先生から、「タバコを吸っている人は肺炎が重症化しやすいから、禁煙した方がいいですよ！」と言われると、潜在意識に変化が起こります。「そうか、これからの人生を考えると、タバコなんか吸っていられない！」「このような苦しみを味わうのはもう御免だ！　タバコはもう止めよう！」となるわけです。

このように、潜在意識が変化すると、禁煙をすることが当たり前となり、結果、我慢しなくても禁煙できるようになります。

要するに、潜在意識が変わらないのに、顕在意識だけで行動を変えようとしても、ストレスを感じて長続きできず、行動を変えることは難しいのです。逆に、苦しみの体験を通して潜在意識が変われば、苦労せずにいつの間にか行動が変化していきます。単に知識を身につけて顕在意識が変わっても、自分の行動を変えることはできません。「自ら体験し腹の奥底から納得することで、潜在意識が変わり、初めて自分の行動を変えることができる」ということなのです。

成功した人の体験談を聞いてみると、「あの体験が私の人生を変えた！」という言葉をよく耳にします。生きている限りさまざまな体験をし、困難に遭遇することが数多くありますが、そのような現実世界でのさまざまな体験を乗り越えることが、潜在意識を成長させるポイントです。逆に、目の前の試練や逆境から目を背け、現実逃避するような態度では、潜在意識を変えることはできません。試練の中、もがき苦しんでいる時に、書物や人からの言葉やメッセージといったヒントが気づきを与えてくれて、初めて潜在意識が変わるのです。

潜在意識から人を見抜く

誰かと対面した時には、その人の発言を鵜呑《うの》みにするのではなく、その人の行動を見るようにしたいものです。世の中には、言行が一致している人はほとんどいません。顕在意識が「**言葉**」を作り出し、潜在意識が「**行動**」を支配しているからです。「言っていることとやっていることが違うじゃないか！」などということは、世間ではめずらしくありません。

相手の発言をそのまま鵜呑みにして、あとで裏切られた気分になった経験は誰にも少なからずあるでしょう。

「みんなで仲良くしましょう！」

教会の牧師さんやお寺のお坊さん、先生と言われる人の多く（例外のない規則はない）は、人前では口をそろえてそう言います。しかし、人から離れて日常生活に戻ると、彼らの行動は潜在意識に支配されているため、権力闘争や派閥抗争が生まれます。「こんなやつなんかと仲良くやっていられるものか！」。腹の奥底の自分（潜在意識）がそう考え、そのとおりに行動するのです。彼らの心の中をのぞいてみると、顕在意識は「みんなで仲良く」、潜在意識は「自分さえよければ」と、両者の間には大きな隔たりがあります。

この言行不一致の根本的な原因は、「良い自分」と「悪い自分」、そして「建前」と「本音」、「表向きの自分」と「本性」、「顕在意識」と「潜在意識」の違いから起こってくるのです。

相手の潜在意識を見抜くには、**その人の行動をつぶさに観察すること**が大切です。とんでもない時にポロッと発した（本音の）言葉を逃さないことも、ポイントの一つです。人間はたわいない会話をしている時や、相手にとって予想外の展開が起きた時、潜在意識からの本音がポロッと出てくるものです。

私たちは、潜在意識（本性）の赴くままの人生を歩みます。人を観察する際には、「**その人が何を言っているのか**」ではなく、「**その人がどのような行動をしているのか**」を継続的に観察して、しっかりと分析する必要があるのです。

その人の潜在意識（本性）の見抜き方

出来事というのは、その人の潜在意識（本性）を映し出す鏡のようなものです。

殺人を犯すと、その人は『殺人を犯す危険な人物』であるということが明白になります。しかし、殺人を犯す前から、その人の潜在意識（本性）は危険な行動を後押しするものだったはずです。罪を犯した時に本性が変化したのではありません。取り巻く環境の変化に伴って本性が現れたことにより、その出来事が起こり、その人の本性が初めて明らかになったというわけです。

このような罪を犯す人の行動は、よく注意して観察していれば、日常生活の中の言動の端々に潜在意識の影響の片鱗《へんりん》を垣間見ることができたはずです。

それらを漏らさずに観察するためには、単に人間の行動パターンを観察するだけでなく、その「**行動の根拠**」を推察することが大切です。

世界の歴史をひもとくと、かつてさまざまな国に独裁者が生まれ、それまでの権力を力で倒した独裁者は、必ずと言っていいほど次の独裁者に倒されてきました。それが長年繰り返されてようやく近代になり、民主国家が誕生しました。

歴史を学んできた私たちは、独裁的な暴君の姿を想像してみると、とても傲慢で感情的に行動するとんでもない心の持ち主を思い浮かべてしまいます。しかし、私たちの予想に反して、独裁者の顕在意識は「国民の幸せを願い、国民を愛し、みんなで仲良く平和に暮らしたい」であり、自分は正義の味方であり、優しくて、みんなから愛される素敵な人間であると信じているというものです。

ところが、独裁者の潜在意識には「**欲望・利己心・恐怖心**」が渦巻いています。偉くなりたい（名誉欲）、誰かを支配したい（支配力）、権力が欲しい（権力欲）、お金持ちになって豊かに暮らしたい（金銭欲）、良い人だと思われたい（見栄《みえ》）、自分勝手に好きなようにやりたい（放逸）などの「**欲望**」が渦巻いています。「自分さえ良ければそれでいい」「**利己心**」という思いが根底にあります。

また、利己的な人間であっても、「利己心」の及ぶ範囲の広さによって行動が大きく変わってきます。「利己心」の範囲が地域に広がると、自分の住む地域の利益を守るために周りの地域と紛争を起こします。また、「利己心」の範囲が自分の仲間であれば、自分の仲間の利益を守るために仲間以外を排除糾弾します。そして、「利己心」の範囲が自分の家族であれば、家族の利益を守るために家族以外を糾弾します。さらに、「利己心」の範囲が自分自身である場合には、自分の利益を守るために家族すら糾弾してしまうのです。

さらに、「欲望」と同じくらい、未熟な人間の行動を支配するのが「**恐怖心**」

です。「欲望」によって手中にした名誉、支配、権力、財産、信頼を、「自由を奪われる恐怖」「秘密がばれてしまう恐怖」という二つのタイプの「恐怖」が潜在意識に働きかけて人間の行動を左右します。しかし、潜在意識の中で「欲望」と「恐怖心」がうまくバランスを取っているので、世の中の治安はなんとか維持されています。

「欲望」があっても、「見つかってしまう恐怖」や「人から嫌われてしまう恐怖」がブレーキをかけて犯罪が抑止されている、そのような人が大勢いるというのが現実社会です。「欲望」と「恐怖心」のバランスが崩れている地域では、窃盗や強盗、殺人、紛争が頻発しています。

このように、何かの出来事で事件を起こしてしまう原因は、その人の潜在意識にあるのです。

自分が思っている＝顕在意識
周りの人が感じている自分＝潜在意識
口ではもっともらしいことを述べる＝顕在意識
無意識のうちに本性に基づいている＝潜在意識

「**その人が何を言っていのか**」（**顕在意識**）ではなく、「**その人がどのような行動をとるか**」（**潜在意識**）ということを、時間をかけてじっくり観察する――それが、相手の本質を見抜くための手段です。

次の **Section 2** では、私が今までに深く関わりを持つことができた十二名の反面教師の生き方を紹介し、そしてその後、そこから何が学べるかを探っていくことにしましょう。

十二人の反面教師

Section

02

反面教師(1)

素敵なお嬢様はマリー・アントワネット（わがままな浪費家）

エピソード

三十八歳の女性。町工場の社長の長女として何不自由のない環境で育った。父親は厳格な性格で、女性としての礼儀作法を厳しくしつけられ、笑顔の素敵な女性として街でも人目をひく存在であった。大学を卒業すると同時にＩＴ企業の社長と恋愛結婚し、二人の娘を授かる。子育てをしながら夫の会社の業務もこなし、満面の笑みでお客さんをもてなし、その影響もあってか、夫の会社は順調に成長を遂げた。

良い人だと思われたいという欲望に駆り立てられ、人前では精いっぱいの笑顔を作り、言葉遣いも丁寧であった。しかし、家に帰るとその疲れがたまり、人が変わったような態度をとった。「私はお手伝いさんじゃないんだから。どうして炊事、洗濯、掃除をしなきゃいけないの!?」。料理は下手でほとんど作らず、食卓に並ぶのはほとんどがデパ地下のお総菜であった。

子供が言うことを聞かないと、イライラして子供に当たり散らし、精神安定剤を飲んで寝てしまうことがしばしばだった。口癖は「どうして私ばっかり苦労しなければならないのかしら」。

ただ、疲れ果てて部屋に引きこもっていたとしても、知り合いやお客さんから電話が来ると、人が変わったように笑顔を作り、明るい声で「いつもお世話になっております」と始まる。しかし、電話が終わると鬼のような形相に戻り、ため息をついて子供たちに当たり散らした。

人前ではとびっきりの笑顔を作り、ハイハイと愛想よく立ち振る舞ったかと思えば、家に帰ったとたんにたまったストレスを発散するために家族に当たり散らしていたのである。

特に、子供のお誕生日会や運動会、習い事の発表会などのイベントの際には、良い母親を演じるために精いっぱいのエネルギーを注ぎ、その疲れのせいか、陰では子供たちや夫に対して当たり散らしているのであった。

思いどおりにいかないことがあると、家に帰ってから家族に当たり散らすという、その二面性に家族は困り果て、世間のうらやましがるような仲良し家族という評判とは裏腹に、家の中は冷たい空気に包まれていた。

考察

彼女は裕福な家庭で厳格な父親にしつけられ、申し分のない素敵な女性に成長しました。「父親に叱られる恐怖」「良い人だと思われたいという欲望」と「人から嫌われたくないという恐怖」――これらが彼女の生きる原動力でした。父親と生活を共にし、家から出られない状況であれば、彼女は本性を出さずに一生を過ごすことができたかもしれません。ところが、家を出て生活し、父親からの束縛から解放され、自由に生きることができる環境に身を置くことになり、そのような時に好きな人と出会いました。その人から好かれたいという思いで一生懸命笑顔を作り、素敵な自分を演じた結果、結婚して家族となりました。月日がたち、家族は「良い人だと思われたい」という欲望の対象外となったために、子供たちや旦那さんの前では本性を現すようになります。これが彼女の本質である二面性なのです。

過保護・過干渉の親に育てられ、自ら考えて行動する機会を失い、自立心が育まれず、結婚して子供を授かっても、その幼児性が抜けきれずに感情的に振る舞い、依存心が強い自分勝手な行動も変わりませんでした。思いどおりにならなければ、感情的になって家族に当たり散らし、先行き心配になると**不安**と**恐怖**で落ち込み、精神安定剤を飲んで紛らわせる。そんな生活を送りながらも、彼女は「自分は家族思いで、素敵な妻であり、母親である」と信じて疑いませんでした。

学ぶべき教訓

教訓1）ニセモノはホンモノ以上にホンモノらしく見える

ホンモノは何を隠す必要もないですし、何を飾る必要もありませんので、ありのままの自分をさらけ出して生きています。ニセモノは悪いところを隠し、よく見せるためにとりつくろっています。ですから、偽物の方が本物よりも素晴らしく見えることが多いのです。

思いっきり作り笑顔の人を見たときは、「良い人」なのではなく、「良い人だと思われたい」という欲望に基づいてありったけの笑顔を作っているのであり、それがその人の本来の姿ではないことに気づかなければなりません。

教訓2）過保護は子供を駄目にする

親が子供を過保護に育て、子供を試練から遠ざけるような生き方をさせると、困難に遭遇した時に、自らそれに立ち向かう強さを持ち合わせていないため、落ち込んで「うつ状態」になってしまったり、不安に苦しんで「不安神経症」

や「パニック障害」になったりすることもあります。感情的にヒステリックになり、周囲に当たり散らかし、依存心も強いため、「自分はこんなに苦しい思いをしているのに誰も助けてくれない！」という気持ちを言葉で表現する代わりに態度で示そうとして、リストカットや急性薬物中毒などの事件を起こすことすらあります。

要するに、**子育てに対する親の姿勢が重要**なのです。例えば「子供が転んだときにどのように接するか？」という命題に対して、子供が転んでも、「可哀《かわい》想《そう》に、大丈夫かしら」などと言って、駆け寄って抱き上げてはいけません。自ら起き上がるのを待ち、起き上がったら抱きしめて褒めてあげる——それが正しい親の関わり方といえるでしょう。

教訓3）過干渉は子供を駄目にする

子供に失敗させたくないという思いで、子供に対して「こうしなさい！」「こうしてはいけません！」と言う親がいます。いつまでも親が指図していると、子供は自分で考える習慣を身につけるチャンスを失い、大人になっても他人から指図されないと行動できない「指示待ち人間」になってしまいます。社会へ出ても、知識は身についていても、自分で考える習慣のない若者が増え、仕事をやらせても効率が上がらず、会社の中では役に立たず困るというようなケースをよく見かけます。

さらに、幼少時に親が子供に対して「どうしてこんなことをしたの！」「あなたは本当に駄目な子ね！」などと注意することで、子供に劣等感を植え付けてしまうと、その自信のなさが一生ついて回り、子供を苦しめ続けることになります。

子供に対して「こうしなさい」「こうしてはいけません」と親が押し付けるのではなく、子供自身に情報を与えてしっかりと考えさせ、「自分で考えて、良いと思った方を選ばせる」という指導をすることが大切です。失敗した際には、「どうしてこんな間違いをしたの！」「もういい加減にしてよ！」ではなく、「あらあら、困った結果になりましたね。なぜこうなったか分かりますか？

今度から気をつけましょうね。良い体験をしたから、次は頑張りましょう！」というように、失敗をマイナスの体験として植え付けるのではなく、失敗を次に活かす教訓として考え、プラスの体験として植え付け、「良い勉強になった！」とポジティブに考える習慣をつけさせるのが正しい教育の方法です。

教訓4）鉄は熱いうちに打て（二十歳を過ぎたら性格は変えられない）

厳格な父親が過干渉な態度を取り、情の深い母親が「可哀想だから」と過保護な態度を取ると、子供の成長は阻害され、幼児性を残したまま成人してしまいます。現実的には、二十歳を過ぎてから子供の生き方を変えることは困難です。その後から何とかしようとしても、もう手遅れなのです。成人してしまったら、心療内科の先生であっても、カウンセラーであっても、他人の力で生き方を変えることはできません。まさに、「鉄は熱いうちに打て」という言葉のとおりです。二十歳を過ぎて本人の生き方を変えることができるのは、自ら自分の未熟さに気づいて、自分自身で自分を変えようとする努力だけです。困難な体験を繰り返しつつ、苦しみながら自分自身（潜在意識）を変えていくしか方法はありません。

教訓5）「強くたくましく自立心を植え付ける」ことが子供への最高のプレゼント

幼児性を持ち合わせ、成熟しないまま結婚すると、家庭内で感情的に振る舞い、ぶち切れて暴言暴力を振るったり、安定剤や必要以上のアルコールを摂取して気分を紛らわせてみたり、そしてそんな自分が嫌になったり、自責の念から落ち込んでうつ病になるケースもあります。子育ての方法を間違えたために、将来、親の知らないところで結婚相手と子供に迷惑をかけることになりかねません。子供の人生をめちゃくちゃにするだけでなく、結婚相手や孫まで多大な被害を及ぼす問題になりかねないのです。

良い学校に入れて、安定した社会生活を送れるように備えることや、たくさんの資産を残すことが、子供への最高のプレゼントではありません。社会的地位や多くの財産を手にしても、幼児性が抜けないせいで苦しみながら生きている人たちが数多く存在するのを目の当たりにします。子供の心を教育して、強くたくましく自立心を植え付けてあげることが、子供への最高のプレゼントなのです。

ティーブレーク・知っておきたい豆知識

欲望の種類について

欲望には、人間が生きていくために適度に必要な欲望（生理的欲求）と、野獣的で人間性の未熟さ故に持っていない方が望ましい欲望（心理的欲求）とがあります。

心理的欲求（ない方がよい欲望）

金銭欲：お金持ちになりたい
名誉欲：偉くなりたい
権力欲：権力を握りたい
支配欲：相手を支配したい
見　栄：良い人だと思われたい

放　逸：自由気ままにやりたい

生理的欲求（適度に必要な欲望）

食欲

性欲

睡眠欲　など

人間は、欲望の程度が大きいと、欲望を満たすためにパワフルに活動します。しかし、欲望が満たされないと、成功者をねたんで欲求不満で苦しみます。

名誉欲や金銭欲が強い学生は、戦国時代の名将や殿様に憧れ、地位や名誉を手中に収めることを夢見て、我慢して必死で働きます。パワーの源は欲望です。しかし、努力をしても思いどおりの結果を出すことができなかった場合には、挫折を味わい劣等感に押しつぶされ、成功者に対して妬みの気持ちを持ちながら生きていくことになります。

欲望に従って行動する人間ばかりだと、社会の治安が崩れてしまいます。それゆえ、人間に恐怖心が付与されており、これによって人間の行動が制御されています。

秘密がバレてしまう恐怖と他人から嫌われる恐怖です。特に、秘密がバレてしまう恐怖心というのは強大なエネルギーを発揮するもので、秘密がバレてしまうことを恐れて思わず人を殺してしまうことすらあります。盗みの目的で侵入したのに、住人と出くわして殺してしまい、殺人犯になってしまうのは、恐怖心が原因なのです。

欲望が強いにも関わらず、恐怖心にかける人間は、平気な顔をして犯罪を繰り返すため、犯罪の温床となります。

欲望が強いといっても、名誉欲や金銭欲のような場合には、自ら努力して国会議員や会社の社長となり、社会から一目置かれる存在になることができます。食欲の場合には、度が過ぎると肥満となり健康を害します。性欲の場合には、欲求が過度となると、依存性が強いがために性的犯罪を犯してしまう場合すらあります。欲望が強いといっても、その種類により、社会で認められ賞賛されるのか、犯罪者として排除されるのか、運命が変わってきます。

人間は成長して欲望がなくなると、欲求不満の苦しさから解放され、気持ちが楽になります。欲がないという状況になると、欲しいものがなくなり、欲求不満がなくなります。しかし、欲望も恐怖もなくなってしまうと、生きる目標も失い、引きこもりになる場合もあります。欲望と恐怖の代わりに、使命感や夢、希望を持ち、自分の周りの人たちの幸せのために活躍するようになれば、生きがいのある、人生を送ることができるでしょう。

反面教師⑵
支配欲を満たすために教師になった男

エピソード

五十二歳の男性で、職業は小学校の先生。高校卒業後、田舎から出てきて都内の大学へ進学し、卒業後すぐ、小学校の教諭として就職した。

得意な分野は国語。母親が習字の先生だったためか、字が非常に丁寧で、生徒への文字の教え方や書き方は人一倍厳しく、漢字テストでは文字自体が正解であっても、汚いというだけで△とするなど、なかなか満点をつけることはなかった。そんな厳しさこそが、生徒への愛情であると信じて疑わない、いわゆる熱血教師。

そんな彼が、ひらがなも読めない小学一年生の生徒三十八人の担任を受け持つことになった。入学式を終えたばかりの生徒たちは、周りの友達とおしゃべりに夢中になり、先生の言うことを聞かず、先生が「静かに」と言っても話のざわつきが残るような有様であった。はじめはニコニコしながら生徒を眺めていたが、言うことを聞かない生徒の態度にしびれを切らし、彼は生徒たちに対し、「静かにしなさい！　先生の言うことを聞きなさい！　言うことを聞かないと懲らしめるぞ！」と、脅迫的な態度をとるようになった。クラス担任という権力を手にした彼は、力ずくで生徒を動かすような支配者になってしまったのである。先生が教室に入ってくると、生徒たちは皆おしゃべりを止め、すぐに席に着くようになった。

考察

教師として必要なのは、「子供への愛情」と「教育への情熱」であることは言うまでもありません。子供には、教育の意味が分かりませんし、教育の大切さも理解できません。だからこそ、「必要なことをしっかりと学べるように、強制的にでも必要なことを教え込むのが真の愛情であり、必要な時期に必要な教育を受けずに過ごして後で後悔するようなことはあってはならない」と考える先生が多いと思います。

でも、それは大きな間違いです。教育というのは、知識を身につけさせ、技術を習得させることだと考えるのは、とても浅はかなことです。「知らなかったことを知り得た喜び」や「気づかなかったことを気づけるようになった喜び」「できなかったことができるようになった喜び」といった、さまざまな喜びを体験させることで、自ら学び考え創意工夫し、いろんなことにチャレンジしていく好奇心を育むことが本当の教育です。

学生時代に、日常のさまざまな事柄に対して好奇心を持つこともなく、単に知識を身につけて入学試験に合格し、大学も卒業して教職の免許を取ったような人間に、本当の教育などできるはずがありません。好奇心にあふれ、学ぶことの楽しさ、考えることの楽しさを教えてくださる先生は、どこにいるのでしょうか。残念ながら、学生時代にそのような感性を育んだ人材の多くは、教師にはならずに研究者か芸術家になってしまいます。ゆとり教育の本当の意味を理解できず、それを実践できる教師がいなかったことが、ゆとり教育が廃《すた》れた一番の原因でした。

彼は小学校の教諭であり、対する相手が体つきも小さく抵抗心も少ない小学校低学年だったから、支配・服従関係がうまく成立し、それなりに秩序ある雰囲気を保つことができました。これが、体力もあり、自我が形成され、反抗心の強い中学生や高校生だったらどうでしょう。今流行りの学級崩壊を引き起こしていたかもしれません。

学ぶべき教訓

教訓1）北風と太陽

子供の気持ちをつかむためには、イソップ童話にある「北風と太陽」の物語に登場する北風（厳罰で対応する態度）ではなく、太陽（寛容的に対応する態度）で臨むべきです。温かく愛情を注ぐことによって子供は心を開いてくれます。力でねじ伏せれば、一見、服従したように振る舞いますが、心までは開いてくれません。子供の心を開かせ、お互いに信頼し合い、相手の気持ちを理解し合いながらコミュニケーションが取れれば素晴らしいと思います。

教訓2）子供を服従させるためには力が必要、
子供の気持ちをつかむためには知恵が必要

思いどおりにならないときに相手を威嚇することは、野獣でもできます。感情の赴くままに力で威嚇すればよいだけだからです。「相手の気持ちを理解して、自分の気持ちを押し付けない」。これが、理性ある人間の行動の基本です。

どのようにしたら、相手の心の扉を開けることができるのか――それは、温めて待つこと。温めて待ち続けることです。ヤケを起こして相手の心の扉を壊してはいけません。心の扉を開けるには、知恵を働かせ、じっくりと待つことです。「焦らない、怒らない、諦めない」これは、教師のみならず、社会人の誰もが身につけておくべき素養といえるでしょう。

教訓3）　必要なのは、強さ・優しさ・厳しさ

教師に必要な素質は、強さと優しさ、そして厳しさです。強さとは、「どのような予想外の出来事が起きても、物事を冷静に判断できる心の強さのこと」です。優しさとは、「相手の気持ちを理解して、丸ごと包み込んで、温めてあげる気持ちの心」です。そして厳しさとは、「依存心をなくし自立心を育むために、安易に手助けをしないこと」です。

教訓4）　支配欲を満たすために教師になった人

前述したように、人間には「さまざまな欲望」があります。未熟な人間は、欲望を満たすために生きています。金銭欲の強い人は、お金持ちになりたいと思います。名誉欲の強い人間は、偉くなり有名になりたいと考えます。権力欲や支配欲の強い人間は、組織の中で出世して権力を手中にし、部下を支配したいと考えます。

社会組織の中で出世して権力を得ようとすれば、多大な努力と時間がかかります。ところが、教師になれば、何の苦労もせずに、生徒という部下を支配することができるようになります。

「子供の幸せのため」にではなく、「自分の権力欲を満たすため」に教師になり、生徒に命令して欲望を満たし、反抗する生徒を力で服従させるような教師がいます。そんな教師の姿を目にして、金銭欲を満たすために社長になった人と同類なのだと思うと、とても切ない気持ちになります。

ティーブレーク・知っておきたい豆知識

差別と区別について

「差別」をすることは、人として最低の行為です。
「区別」をすることは、賢く生きるために必要な行為です。

差別

世の中には、人を差別する人がいます。人を差別する人は、他人から差別を受けると激怒します。ところが、人を差別しない人は、他人から差別を受けてもさほど気になりません。むしろ、差別する人のことを哀れに思います。差別の背景には、名誉欲や権力欲、支配力があります。このような欲望のある人にとっては、差別というのはとても重大な問題であり、欲望のない人には、関心の薄い出来事なのです。

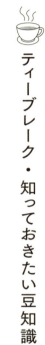

人間の個性の違いに注目して、区別してみることは、賢く生きていくうえでとても重要な作業です。男性と女性とは、ものの考え方や好み、そして感性が異なります。その証拠に、紳士用の雑誌コーナーと婦人用の雑誌コーナーでは、置いてある雑誌の種類が異なります。男性と女性の特性の違いを区別することで、それぞれにとって好ましい内容を扱っています。しかし、「男性は女性よりも優れている」「男性は女性より劣っている」という評価を下すことは、区別ではなく差別です。個性を大切にして、誰もが幸せに生きていくために区別は必要ですが、差別は必要ありません。差別は、人間性の低い人間の貧しい心の中に存在するものです。

ダックスフンドは脚が短い。それは科学的な真実です。「ダックスフンドの脚は短い」と言うと、「それは差別だ!」と言う人がいます。それを差別と言うことは、その人の心の中に醜い差別意識があるからです。

区別

「嘘をつくことは悪いことです」

「人と仲良くしましょう」

小学生の頃に、道徳の授業で学校の先生から教わったような内容です。そんな先生の教えを守ったために、不幸な人生を送った人間が大勢いるのに、どうしてこんなにいい加減なことを教えるのでしょうか。

「嘘をつくことは悪いことです」という教えを忠実に守ったがために失敗したエピソードを、次にご紹介しましょう。

曲がったことの大嫌いな真面目な会社員が、社長に向かって「あなたの考えは間違っています。どうぞ考え直してください」と言ったがために、「生意気なことを言うな！」と、会社をクビになりました。正しいことであっても、言う必要のないことは言わない。世の中を生き抜いていくためには、そのような知恵も必要となるのです。

人と仲良くすることは良いことであると信じて、笑顔の素敵な親切な詐欺師と仲良くなり、お願いだからと言われて、何も知らずに協力してあげたところ、詐欺師と一緒に逮捕されてしまいました。このように誰とでも仲良くするというのは、大きな間違いなのです。

このような問題が生じてしまったのは、「嘘」や「仲良し」という言葉を細かく区別せずに取り扱った結果なのです。

「嘘には、ついた方がいい嘘もあれば、ついてはいけない嘘もある」

「人には、仲良くした方がいい人と、仲良くしてはいけない人がいる」

これが正解なのです。

蜂や蛇のようなタイプの人と仲良くすると、刺されたり、かまれたりします。そのような人とは、距離を置かなくてはなりません。全ての人と仲良くなど、非現実的なおめでたい考えは捨てるべきです。嘘であれ、人であれ、ひとまとめにして考えるのではなく、さまざまな事柄を区別することで、適切な対応方法を生み出すことができるようになるのです。

具体例を挙げてみます。

「嘘」を三通りに区別してみましょう。

「ついてはいけない嘘」（人を欺く嘘）：人を不幸にする嘘は許されません。

「つくのはお勧めできない嘘」（自分を隠す嘘）：知らないのに知っているふりをする場合がこの嘘に入ります。

「ついた方がいい嘘」（相手を幸せにする嘘）：「かわいい赤ちゃんね！」「前向きに生きれば癌だって治るかもしれないよ！」などのように、相手の幸せのためにあえてつく嘘のことです。

「料理」を二通りに区別してみましょう。

「愛のある料理」：これを食べて元気で頑張ってほしい！

「愛のない料理」：面倒だなあ、どうして私が作らなきゃいけないの！

「叱る」を二通りに区別してみましょう。

「愛のある叱り方」で、相手の成長を願い、相手の気持ちを理解した上で、冷静に気持ちを込めて叱る。「どうしてこのような結果が出たのか、わかるかな？今回の失敗を胸に刻み、同じ間違いを起こさないように頑張ろう！」

「愛のない叱り方」で、相手の気持ちなど全く考えずに、自分のプライドが傷ついた腹いせに、感情のはけ口として叱る。「いい加減にしなさい！　今度間違えたらどうなるか分かっているわね！」

身の回りのさまざまなものの個性を知り、それらを「区別」して、それぞれとうまく付き合っていくことが大切です。

反面教師⑶

プロとしての自覚に欠ける職人

エピソード

北海道に住む、四十代男性。建設会社の二代目である。彼は幼い頃から、絵画や工作をするのが好きだったため、大学から都内へ引っ越し、芸術大学を卒業した。家具デザインで有名な大手企業に就職してはみたものの、自分の企画した事案が会社のトップに受け入れられず、プレゼンテーションをする度に否定されるので、自信を喪失し落ち込んでしまった。「北海道に帰って来い」との父親の勧めもあり、会社を辞めて父親の会社に就職し、自由に仕事をこなせるようになった。社長に指示された会社の大きな仕事をこなすだけでなく、簡単な仕事に関しては、自分で直接注文を受け、一人で仕事をこなしていた。大手企業に比べて時間も自由であり、ある程度自由に行動することを許されていたため、楽しみながら作業をすることができた。本人は、そんな仕事に満足していた。

あるとき、お客さんから依頼があり、要望を聞いた上で自らプランニングし、完成図、経費、工期に関して説明した。そして、お客さんが納得して契約が成立した後、作業に取り掛かった。

ところが、作業の途中で、お客さんから「思っていたのとイメージが違うから、修正してもらえないか」との依頼があった。その途端に彼は不機嫌になり、「この工事はここまでが目いっぱいで、これ以上の方法はない。修正には応じられない!」の一点張りであった。また、時間配分を考えずに作業をするため、作業が遅れ遅れになる傾向がみられた。工期が迫っているのにもかかわらず、彼がのんびりしている態度を見て、依頼者が「期限に間に合いますか? 本当に大丈夫でしょうか?」と発言をした途端、「大丈夫。問題ありません。計画通りなので心配しないでください」と、真っ赤な顔で怒り出す始末。期限ギリギリで間に合うかどうか微妙な時に、「友達と飲み会があるから、今日はいけません！　明日やります」などと言い出し、翌日に来て、さっさと大ざっぱに作業をこなして、ギリギリ期限に合わせてなんとかつじつまを合わせた。

自分の都合ばかり押し付ける。相手の都合を聞き入れない。さらに、お客さんが納得いかないところや修正してほしいところ、クレームなどに関しては逆ギレして自分の作品の正しさを主張した。確かに、作品自体は素晴らしいのだが、お客さんが求めているものではなく、「自己満足」の作品であった。愛想が良くノリが良いので、確かに新規の注文は多いが、お客さんの評判は今一つでリピーターは少なかった。

考察

世の中の多くのサラリーマンの方々は、上司から叱られ、部下の責任を取らされ、時間に縛られ、我慢して働いています。お金を稼いで家族に安定した生活を保障するために、やりたくないことも我慢し、不平不満があっても耐えて、家族のために必死で頑張っています。

それに比べて、彼はとても恵まれた環境に置かれています。彼は楽しんで仕事をしています。そしてお客さんからお金もいただいています。楽しんで仕事をし、お金までもらえて、とても幸せな境遇にいます。そんな彼に、果たして「プロ」としての意識があるのでしょうか。

お客さんの満足のためにすることが「プロ」であり、自分の満足のためにすることが「アマチュア」であると定義すれば、彼は「プロ」ではなくて「アマチュア」ということになってしまいます。お客さんからお金をいただくのであれば、「プロ」としての自覚を持ち、責任ある行動を取らなければなりません。そのように定義すると、彼は働いてお金をもらう立場にありながらも、「プロ」としての自覚に欠けていることになります。

お客さんに対しての責任や社会に対する責任、家族に対する責任など、さまざまな責任を果たすことで、人は社会から信頼されるようになります。信頼はお金では買えませんし、一朝一夕に手に入れることもできません。周りの人たちに対して常に心配りをし、日々の言動に気をつけ、思いやりのある誠実な行動を実践し続けることで、周囲の人からの信頼を勝ち取っていくしかないのです。日々の積み重ねの結果、「あの人に任せておけば心配ない、あの人にお願いして駄目だったら、もう仕方ない！」という気持ちを相手に抱かせることができるようになれば最高です。ところが彼は、自己満足のために仕事をし、お客さんの気持ちを満たすことには無関心で、お客さんからは信頼されませんでした。

学ぶべき教訓

教訓1）自由には責任を伴う

「自由」に生きる権利は、基本的人権として日本国憲法にも保障されています。ただし、その「自由」とは、自由に振る舞った結果に対して自分で責任を取ることが条件となります。責任を果たさずに、好き勝手に振る舞うことは、「自由」ではなくて「放逸《ほういつ》」といい、戒められるべき行為です。このエピソードのように、周囲の人たちにとやかく言われずに、自由気ままにやりたいこと、好き勝手に行動している姿は、「プロ」としての責任感のかけらも見られないため、自己満足の仕事人ということになり、いずれは社会から相手にされなくなります。

教訓2）目標を持たないという人生は「どうなっても構わない」という目標を持って生きているようなもの

駅でサラリーマンに「何で会社に行くのですか?」と聞いてみます。しばらく考え込んだ末に口を開きます。「会社があるから!」「行かないとクビになるから!」「生活のために給料をもらうために!」。

駅で学生さんに聞いてみます。「何で学校に行くのですか?」しばらく考え込んだ末に口を開きます。「授業があるから!」「学校に行かないと叱られるから!」。

サラリーマンも学生さんも、目標を持つことなく来る日も来る日も同じ生活を送っているので、突然の質問に対してしっかりと返答ができなかったのでしょう。常に目標を持ち、それを意識しながら生きている人は滅多にいません。建設会社の彼も、目標を持たないで生きている一人でした。

一年後にどうなっていたいのか、三年後そして十年後どのようになっていたいのかという具体的な目標を持つことは、モチベーションを上げるためにも大切なことです。

しかし、そのような具体的な目標を持つことが難しい人もいます。そのような場合には、もっと漠然とした大ざっぱな目標を持つことも大切です。「周りの人の役にたちたい」「みんなを喜ばせたい」「多くの人たちに感動を与えたい」など、人生の根幹となるようなポリシーを持ち、これらを常に意識しながら生きていれば、インタビューを受けても即座にしっかりとした返答ができたのではないかと思います。

職人タイプ	決められた作業を早く正確にこなすことが得意
芸術家タイプ	新しいものを作り上げることが得意
接客タイプ	周りの人たちを笑顔と言葉遣いでもてなすことが得意
マネージメントタイプ	企画提案し、段取りよく調整することが得意

教訓3） 自分の特性を知りそれを生かす

人間は、生まれながらにしてさまざまな才能を持っていますし、自らの努力で新たな才能を獲得することもできます。

生活に活かせる人間の才能を四種類に分類してみると、周りにいる人たちの仕事ぶりや適性をハッキリと理解することができます。

芸大を卒業し、父親の建設会社で働き始めた彼は芸術家タイプでした。しかし、建設会社の仕事に必要なのは職人のセンスであって、芸術家のセンスではありません。接客も上手ではなく、マネージメント能力にも欠け、将来社長として会社を引っ張っていくことは難しいかもしれません。

もしも彼が若いうちから自分の特性に気づき、

それを十分に生かせる仕事についていれば、仕事が楽しくスムーズに進んだのではないかと思います。

教訓4）お客様からのクレーム

サービス業を営むことで、お客様に満足していただくということは最も重要な課題です。したがって、お客様のクレームには、しっかりと耳を傾けなければなりません。相手に耳を傾けるということは、相手の言いなりになるという意味とは異なります。

例えば、お客様が思いどおりのサービスを受けられず、ご満足いただけなかった際に、何も口にしないお客様から、「もう来ない」と言って去っていくお客様もいらっしゃれば、クレームとして不平不満を述べて帰るお客様もいらっしゃいます。クレームを口にするという考え方は基本的にネガティブ思考な心の持ち主です。ポジティブ思考の心の持ち主は、不平不満ではなく、提案や陳情《ちんじょう》、嘆願《たんがん》という形で話しかけてくださいます。

いずれにせよ、お客様のお言葉には、真摯《しんし》に耳を傾け、自分に非があればそれを改善し、相手の方に問題があるのであれば、誠意を持って善処する必要性があります。

誠実に責任ある行動を続けることで、多くのお客様から信頼され、多くのファンに恵まれる、それがプロとしての生き方なのです。

ティーブレーク・知っておきたい豆知識

努力と成果について

　世の中には、「すぐに結果が出るような小さな夢」もあれば、「何年も時間をかけなければ達成できないような大きな夢」もあります。夢をかなえるためには、具体的な目標や計画を立てて、それに向かって努力しなければなりません。

　ところが、初めてのことにチャレンジしたときには、物事は思いどおりにはいかないものです。しかし、思いどおりにいかないからといって諦めてしまってはもったいないことです。成功目前で諦めてしまったとしたら、今までの努力が水の泡になってしまいます。「計画は思いどおりにはいかないものである」と割り切る姿勢が大切です。行き詰まったときには、その都度計画を修正し、新たな計画に沿って努力していくのです。出来上がった時の成功イメージが強く持てる人は、くじけずに頑張り通すことができますが、成功イメージが湧か

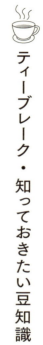

ない人は「本当にうまくいくのだろうか」と、不安が頭をかすめ、わずかなつまずきで諦めてしまいます。

現実社会が「努力の程度に正比例して結果が表れるようなシステム」であれば、人は道半ばにして諦めることはないと思います。しかし、現実というものはそんなに単純なものではありません。大して努力もしないのに、ラッキーにも幸運が転がり込んできてトントン拍子に事が進む場合もあれば、逆にどんなに必死で努力しても事態は膠着状態で何の進歩もなく、何日間もの努力が無駄に見えることもあります。

諦めず、くじけないというのは、人間性の高い人間に必要な資質の一つです。くじけない心を育むためには、努力してもすぐには結果が出ないという体験を何回も積む必要があるのです。

「今までの自分だったら、こんな状況なら既に諦めてしまっていた。しかし、今は違うのだ。夢をかなえるために、頑張りたい」

そのように言える自分でありたいものです。

反面教師⑷

結婚する気のない同棲カップル

エピソード

二十八歳の男性、東京生まれ。経済的にも恵まれ、何不自由ない環境で育った。都内のレンズ製造会社に就職して三年が経《た》ち、生活も安定してきた。

人付き合いが大好きで、男女を問わず友達が多く、飲み会には積極的に参加するタイプであったが、その頃、合コンで知り合った彼女と付き合い、いつのまにか彼女が家に住み始め、同居生活が始まった。彼女は、自分の仕事の通勤に都合のよいように都内に住むことを主張したため、彼がそれを受け入れて、二人で都内のアパートに引っ越した。

二人の和気あいあいとしたハッピーな生活が始まった。彼は仕事に打ち込むことができ、彼女も居候させてもらっている手前、仕事の合間をぬって家事をこなしていた。目が覚めれば朝食が準備され、帰宅すると夕食の準備も整い、洗濯物も畳んであり、彼はとてもご満悦であった。ところが、彼女の奉仕も長続きはせず、一年半を過ぎた頃には、帰宅すれば家は散らかったままとなり、ベッドは布団の山、部屋の中は足の踏み場のない状態になっていた。

そんな彼女に対して、不満を持っているものの、文句を言うわけでもなく、別れるつもりもなく、だからといって将来安定のために結婚をするつもりもないようで、飲み友達と飲みに出かけてはストレスを発散している様子であった。

考察

愛には、「**未熟な愛**」と「**成熟した愛**」があります。**未熟な愛**とは、**利己的な愛**であり、「自分が寂しいから一緒にいたい」「自分にとって便利だから一緒にいたい」などというものです。要するに「**自分にとって必要だからあなたを愛する**」という利己的な感情なのです。

成熟した愛とは**利他的な愛**であり、「相手の幸せそうな笑顔を見るのがうれしい」「相手が幸せな人生を送れるために、自分に何ができるのだろうか」などと考えること、そして「**相手の幸せが自分の幸せ**」と思えるというものです。このように、**心の底から相手の幸せを願う利他的な感情が熟成した愛**なのです。

残念ながら、地球上の男女の愛の多くは未熟な愛、利己的な愛です。少なくとも、青春時代の男女の恋愛は紛れもなく未熟な愛であるといってもいいでしょう。

結婚して子供が生まれると、それを天からの授かりものと考え、命がけで大切に育てます。「寒くないか」「暑くないか」「お腹空いてないか」「危なくないか」などと、あれこれ心配しながら子育てに奮闘します。

ここで、「親子の愛」と「夫婦の愛」の深さの違いを理解するうえで格好のエピソードをご紹介しましょう。

ある日突然、子供が交通事故に遭ってしまいました。瀕死の重傷を負い、主治医の先生から、「子供を救命するためには、お母さん（お父さん）の腎臓を移植するしかないのですが、いかがでしょうか」と聞かれたらどうしますか。即座に「構いません、私の命よりも大切な命です。私の腎臓でよければ、どうぞ使ってください」と、ほとんどの母親（父親）はそのように答えるはずです。これが、成熟した愛、「利他的な愛の姿」です。

ところが、旦那様（奥様）が交通事故に遭って、瀕死の重傷を負い、主治医の先生から「旦那様（奥様）を救命するためには奥様（旦那様）の腎臓を移植するしかないのですが、いかがでしょうか」と聞かれたらどうしますか。「構いません。私の命よりも大切な命です。私の腎臓でよければどうぞ使ってください」と果たして言えるでしょうか。「え⁉　私ですか。他に誰かいませんか。そうそう、お母様がいるので連絡してみましょう！」などという声が聞こえてきそうです。

若い時に恋に落ち、好きになって結婚した時に呟いた「愛している」の「愛」は「あなたがいると私は幸せだ」という未熟な愛、利己的な愛であって、決まり文句のように「君を一生幸せにするからね」という言葉は、自分の顕在意識の言葉かもしれませんが、心の奥底の潜在意識ではそうは思っていないわけです。

「相手が幸せな人生を送るために、自分は相手のために何ができるのか」という成熟した愛は、子育てを通して人間の潜在意識に刻み込まれます。夫婦の愛の強さは、所詮《しょせん》親子の愛の強さの百分の一くらいではないでしょうか。未熟な愛として始まった夫婦の愛を百倍に増幅し、親子の愛と同じレベルまで引き上げることができたとしたら、それはとても素晴らしいことだと思います。

近所に、八十歳代の老夫婦が暮らしています。奥様は旦那様よりいくつか年下ですが、五年前から認知症を患い、家事全般は旦那様がやっているようです。朝晩に夫婦連れ添って散歩に行く姿をよく見かけます。先日、旦那様が立ち止まり、奥様が遅れて来るのを待っているところをお見かけし、声をかけてみました。

「こんにちは、お優しいですね。きっと奥様はとてもお幸せですね」

すると、旦那様から予想外の答えが返ってきました。

「若い頃は家内に随分と迷惑をかけてしまいました。今は罪滅ぼしみたいなものです。記憶力が失われ、最近はね、僕の顔を見ても『あんた誰？』なんて言われますが、そんな彼女でも快適に長生きしてもらいたいと思っているのですよ」

年輪のように歳《とし》を重ねて、未熟な愛が成熟した愛に変わった証しを目の当たりにした私は、人生も捨てたものじゃないと思いました。

合コンで知り合って同居している彼と彼女の関係は、未熟な愛で結ばれた関係と言えます。お互いがもっと欲深く、相手に対して大きな期待を抱く人間であれば、二人の関係はとっくに破綻していたはずです。二人とも、相手に対して期待をしないタイプなので、我慢しながらそれなりに共存しているのだと思います。二人が成熟して、お互いの幸せを考えたとしたら、「結婚という形をとってけじめをつけて良い家庭を築く」か、あるいは、お互いの成長のために「あえて別れる」かのどちらかを選択することになるでしょう。

学ぶべき教訓

教訓1）恋愛はファンタジー（幻想）、結婚はリアリティー（現実）

若者が厳しい現実の世界から逃避するために異性と素晴らしい時間を共有することを求め、お互いに気に入られるための努力をして、二人で感動的な時間を過ごす――これが恋愛です。「胸がときめき、二人のために世界がある！」そんな気持ちを体験することができます。

結婚とは、共に生活する二人が協力し、お互いに努力して厳しい現実を乗り越える共同作業です。お互いに足りないところを補いながら、次から次へと湧いて出てくる問題を解決しながら前進しなければなりません。面倒なことは相手に任せておいて、「自分は楽をしたいから」など考えていては、結婚生活は成り立ちません。

教訓2）結婚とは価値観の異なる相手を受け入れるための修業のようなもの

恋愛時代には、自分を良く見せたいと思い、素敵な自分を演じる努力をします。お互いに欠点を出すまいと、努力をするのと同時に、舞い上がって相手の欠点が見えなくなっているので、当たり前のように相思相愛でいられます。

ところが結婚すると、現実に追いかけられる毎日の中で、相手から気に入られようと自分を作る余裕もなくなります。無理して良い人を作ること自体がばかばかしくなり、お互いに本性をさらけ出すようになり、本音と本音のぶつかり合いが始まります。

お互いの価値観の違いに気づいたその時に、価値観の違いをどのように捉えるかによって、その後の発展が大きく異なっていきます。

「私だったら、そんなふうにしないのに、どうしてこうなのかしら」などと不満を持つか。

「あらまあ、こんなふうにやるの。へぇ～、世の中にはいろんな考えの人がいるものね、面白いなあ」と受け入れるか。

どちらを選択するかで、家庭内の雰囲気が地獄絵巻の戦場と化すか、平和な世界が維持されるか、大きく変わっていきます。

価値観の異なる相手に対して不満を持つことは、とても愚かなことです。相手を受け入れた上で、「このような人とうまくやるためには、どうしたらよいのか」の対策を練ることが賢い生き方といえるでしょう。

結婚して時を経て、お互いに切磋琢磨《せっさたくま》し合い、金婚式（結婚五十周年を迎え祝う式）を迎える頃の夫婦ともなると、しっかりとお互いを受け入れているようです。「うちの人ったら、いつもこうなのですよ！」などと話してくれるご夫婦の笑顔は、とても素敵です。

教訓3）夫婦仲良くするコツは「相手の気持ちを理解する」「自分の気持ちを押し付けない」

先程も述べたように、人間関係の基本は「**相手の気持ちを理解する**」「**自分の気持ちを押し付けない**」ことです。よその人であれば、「仕方ない人だなあ」と思えても、二十四時間一緒に暮らしている人に対しては、そう簡単に割り切れるものではありません。一番密接に関わり、本音をぶつけ合う相手に対して

「相手の気持ちを理解する」「自分の気持ちを押し付けない」という対応ができるようになったら、人生に怖いものなしです。

「砥石《といし》のような相手に磨かれたおかげで、自分はここまで成長し、人間関係の達人にまで上り詰めることができました」

そのように考えることができれば、相手に対して感謝の気持ちが湧いてくるのではないでしょうか。

ティーブレーク・知っておきたい豆知識

愛の種類について

愛には、未熟な愛（利己的な愛）と成熟した愛（利他的な愛）とがあります。

未熟な愛

相手を必要（自分が満たされたいため）
相手を必要（自分が寂しいから）
だから相手を所有したい、支配したい
好かれたいからよくしてあげる
嫌われたくないから笑顔を見せる

成熟した愛

相手を幸せにしたい
相手の幸せを願う

「愛されたい」。そう思っている人の「愛」は「未熟な愛」です。なぜかと言うと、「愛」の対象が自分自身であり、自分を幸せにしてほしいという利己心の表れだからです。自分が愛されたい、だからあなたのことも愛しているという、見返りを求めている愛です。

「幸せにしたい」と思っている人の「愛」は、「成熟した愛」です。なぜかと言うと、「愛」の対象は相手であり、相手を幸せにしたいという利他心の表れだからです。純粋に幸せを願う、見返りを求めない愛です。

あなたのお子さんを愛するように、あなたの配偶者を愛してください。

反面教師⑸

幸福感を持てないエリート

エピソード

五十六歳の男性。和菓子店の社長である。田舎から裸一貫で京都に出てきた。和菓子職人を目指して弟子入りし、必死で修業を積み、三十歳の時に自分の店を開いた。職人気質からか、味へのこだわりは強く、高品質の素材を集め、商品に対しては絶対なる自信を持っていた。接客も丁寧で、愛想よく振る舞い、サービス精神にあふれ、お店には噂を聞きつけて遠方から買いに来るお客も大勢いた。従業員を数十人雇い、お店は繁盛していつもお客が列をなしていた。奇麗で慎ましい奥様と結婚し、二人のかわいいお嬢さんも明るい性格で、有名私立の学校に通学させた。プライドが高く、学校のＰＴＡ活動や町会活動や商店街の活動等に積極的に参加し、町の名士として活躍。子供のしつけはとても厳しく、細かいことまで指図しており、誰一人として彼に背く者はいなかった。

考察

人生を「勝ち組」と「負け組」に分けるとしたら、社長の人生は誰もがうらやむ「勝ち組」の典型であり、地元の名士であり、成功者です。会社経営、社会奉仕など、パワフルに活動する彼のエネルギーは、一体どこから湧いてきたのでしょうか。

そんな彼のパワー源は、「金銭欲」「名誉欲」「見栄」そして「支配欲」という四つの欲望でした。「お金持ちになりたい」「有名になりたい」「良い人だと思われたい」「他人を自分の思いどおりに動かしたい」といった彼の潜在意識に潜む欲望が、彼の心に火をつけたのです。

前述したとおり、未熟な人間の行動力の源は「欲望」と「恐怖」です。欲望の強い子供を受験戦争の勝利者にするのは簡単です。欲望の炎を絶やさないように、親がどんどん薪《まき》をくべればよいからです。逆に、欲望もなく恐怖心もない子供を受験戦争にまきこもうとすると、引きこもりになることもあります。例外もありますが、会社のトップに君臨している人の多くは強欲の持ち主です。

欲望を原動力として生きている人は、その欲望が満たされないと不満がこうじて不機嫌となり、周囲の人間に当たり散らすことになります。

周りの人たちがうらやむような世間の評価とは裏腹に、彼の心の中と家族、そして会社では、不満と怒りの嵐が吹き荒れていました。お金持ちになったからといって、それで幸せとは限りません。欲望の強い人間は、自分よりもお金持ちがいることを許すことができずに、必死でお金儲《もう》けの方法を考えます。町の名士となり、周りの人からあいさつされても、国会議員に比べればずいぶんと扱いに差があり、自分ももっと偉くなりたいと思い、悔しさに涙を流し、その結果、欲望の炎はさらに激しく燃え盛ります。そんな彼は、思いどおりにならない現実に腹を立て、家族や従業員にあたり散らかすことがしばしばありました。

ここで、「**幸せとは何か**」という質問に対して、しっかりと考えてみる必要があります。必死で富や名誉、権力を得て社会的に成功を収め、世間から「勝ち組」と称されていたとしても、心の中に不満や不安、ねたみ、怒りのような感情をためていたら、本当に幸せと言えるのでしょうか。

欲望を捨てて利己心を捨て去り、周りの人の幸せを願いつつ、自分を含めた周りのみんなの幸せのために努力し、支えてくれる周りの人たちに感謝の気持ちを持ちながら生き、世間からは目立たぬ存在でありながらも、心の底から満たされている人と、どちらが幸せなのでしょうか。

和菓子店の社長の生き方を、外から見るのではなく、中から見ることにより、この問題に対する回答が得られるのではないでしょうか。

学ぶべき教訓

教訓1）プライド（自慢）を捨てて自尊心（誇り）を持て

プライド（Pride）とはうぬぼれのこと。他人と比較して、自分が優れていると考え、それを自慢する気持ちです。

自尊心（Self-respect）とは、自分自身に誇りを持つことです。かつて未熟だった時の自分と比較して、頑張っている自分に対して敬意を払う気持ちです。

社長のようにプライドが高く、「自分は偉いのだ」「自分は『勝ち組』なんだ、その辺りにいる『負け組』のやつらとは生きている世界が違うのだ！」と考えながら生きてきたとしても、周りの人は誰一人として彼のことを偉いとは思っていません。

プライドを捨てて生きることは大切ですが、自尊心まで捨ててしまうと、生きることがつらくなります。頑張っている自分に誇りを持ち、頑張っている自分にご褒美をあげる、そんな生き方ができる人は、疲れ知らずで、パワフルに生きることができます。

教訓2）自ら汗水垂らして得たものがなければ価値がない

「人生、楽をして過ごすことができたら、なんと幸せなんだろう！」と考える人は、人生の本質を知らない人です。ドラッグ中毒者の恍惚状態のように、頭を使わずに何もせず、ただボーッとしていても、幸せな時間を過ごすことはできません。虚《むな》しさが込み上げてくるだけです。

人間は好きなことに夢中になり、何かに向かって努力する時に幸福感を得られます。そして、頑張ったことで、心地よい疲労感を味わい、つかの間の休憩を取る時に、なんともいえない幸福感を味わうことができるのです。

「玉の輿に乗りたい」と考える女性の本質的な考え方は、「楽をして愛されてお金持ちになりたい」というものです。宝くじを買う人の基本的な考え方も、「楽をしてお金持ちになりたい」というものです。このような生き方をした人で、物質的に満たされた人はいたかもしれませんが、残念ながら心の底から満たされて幸せな人生を送った人はいないはずです。

「宝くじに当たって億万長者になった人は、多くの人がうらやむような素晴らしい人生を送ることができるに違いない！」と思う人が多いかもしれませんが、実はとんでもない転落の人生が待ち受けているのです。

億万長者になると、人は働く意欲が失せ、豪邸に住み、家政婦さんを雇い、ご馳走を食べ、好きなだけ音楽やビデオを鑑賞し、飽きたらフカフカのベッドで眠る。過食と運動不足がたたって体重が増えます。体が重くなり体を動かすことがおっくうになり、さらに体重が増える。そうなると体調は悪化し、楽しいことが全くなくなり、うつ状態になってしまいます。「楽しいことなんて、何もない。生きていてもつまらない。このまま死んでしまいたい」という、不幸な状況に陥ってしまうのです。もし、あなたが宝くじを購入して当選されなかったとしたら、逆にそれはとてもラッキーなことであったと考えるべきなのかもしれません。

プライドが高い社長は、欲望が原動力であったとはいえ、自ら努力して富と名誉を手にしました。楽をしてお金持ちになりたいと考えている愚か者に比べれば、不満は山ほどあったのかもしれませんが、それなりの達成感に満たされた人生を送ることができたかもしれません。

しかし、可哀想なのは、そんな社長に過保護に育てられた子供たちです。社長が子供たちに多くの財産を残したとしても、子供たちはそれを無駄なことに使い込み、浪費してしまうことになります。自ら苦労して汗水垂らして稼いだお金は、その価値が分かるため大切に使います。しかし、親から受け継いだお金は、大切に使おうという気持ちになれず、浪費して無駄に使ってしまうのが世の常なのです。

「**魚を与えるのではなく、魚の釣り方を教えよ**」という格言のとおり、子供たちの教育のためには、モノを与えるべきではないということになります。

教訓3）幸せはその人の心が決める

さて、質問です。

「富と名誉を手に入れた人が幸せ」で、「そうでない人は不幸」なのでしょうか。本当に幸せな人生を送っている人は、富にも名誉にも興味がありません。

その人が幸せなのか不幸なのかを決めるのは、その人の置かれた環境にあるのではなくて、**その人の心の持ち方次第**なのです。人は「豊かな環境で堕落」し、「厳しい環境で成長」します。そういう意味からすると、困難な環境に置かれた人の方が、かえって「幸せ」なのかもしれません。豊かな環境の中で人間として成長するためには、克己心《こっきしん》（己に打ち克つ心）の持ち主でなければなりません。鉄を熱いうちに打つことで、克己心は養われます。

動物園の檻《おり》の中で、自由と引き換えに、安心と安定した生活を保障された、三食昼寝付きのライオンの虚《うつ》ろな目を見ると、危険は潜んでいるものの、鋭く輝いた目で草原を走る野生のライオンの方が幸せなのだろうと思います。

安心と安定を求めて生きている人間が多いということが現実ですが、**本当の幸せとは安心と安定ではなく、進歩と発展を求めるチャレンジ精神であること**ではないでしょうか。

ティーブレーク・知っておきたい豆知識

スポーツマンシップについて

スポーツには、個人競技もあれば、団体競技もあります。また、自分の体で攻撃と防御を行う格闘技もあれば、そうでない競技もあります。言い換えると、自分の力で相手を倒す競技もあれば、お互いに切磋琢磨してどちらが高得点を上げることができるかを競う競技もあります。いずれにせよ、スポーツマンは試合で良い成績を収めるために、日々練習を重ねて競い合っています。

スポーツの種類は別として、スポーツ選手の心をのぞいてみると、大きく二つに分かれます。「自分のスキルアップを求めて鍛錬を重ねるタイプ」と、「名誉欲や支配欲という欲望を満たすために鍛錬を重ねるタイプ」です。

①自己実現タイプ（成長）

自分のスキルを磨き、最高のプレーヤーになることを夢見て頑張るタイプです。努力が報われて優勝できたとしたら、それはうれしいことですが、本当の目的は自分を磨いて素晴らしいプレーヤーになることです。ですから、他人との競争に負けたとしてもあまり気にせず、淡々とトレーニングを積みます。かつての自分と比較して、頑張っている今の自分に誇りを持ち、さらなる上を目指して頑張ります。

②優越劣等感タイプ（欲望）

競争社会の覇者となることを夢見て、勝負に勝つために練習を重ねます。勝てば誇らしげに自慢し、負けると涙を流して悔しがります。目的は優越感を味わうことであり、勝負に勝つことなので、勝負に負けると悔しさに打ち震え、劣等感をバネにして歯を食いしばって頑張ります。比較する相手はかつての自分ではなくてライバルです。

スポーツの種類と心の持ち方とには相関関係はありません。柔道やレスリングのような格闘技といわれる競技のプレーヤーにも、「自己実現タイプ」の選手は大勢いますし、野球や陸上競技のような選手の中にも、「優越感劣等感タイプ」の選手やコーチがいます。

「優越感劣等感タイプ」の選手やコーチは、試合に負けてしまうとプライドが傷つき、ドン底に落とされます。選手本人は劣等感により怒りの炎がメラメラと燃え盛り、コーチは選手のことをどやしつけます。選手のためを思って叱るのではなく、自分のプライドを傷つけられた腹いせに暴言を浴びせるのです。

全てに通じることですが、「何をするか」よりも、「**何を目標にして行動するのか**」、「**どのような気持ちで行動するのか**」の方が大切なのです。

人生の努力目標

目標をどこに設定するか

世界で一番

日本で一番

地域で一番

何を目標にして
行動するのか

自分の名誉のため？

自分のスキルアップのため？

お世話になった人のため？

どのような気持ちで
行動するのか

我慢してやる？

何も考えずに黙々とやる？

楽しんでやる？

反面教師(6)

情け深さで家庭を崩壊させた主婦

エピソード

四十二歳女性。花屋さんのオーナー夫人である。大学卒業後、金融機関に勤務し、花屋の社長さんに見初められて結婚した。愛想が良く、いつも笑顔を絶やさず、気遣いが素晴らしかった。近所付き合いには積極的で、困っている人がいれば率先して声をかけていた。「可哀想だから、何とかしてあげましょう」そんな言葉が彼女の口癖だった。夫は器用でセンスもあり、花屋の仕事をしながら、時間を見つけては店の上にある住まいに帰り、料理・洗濯などの家事をテキパキとこなした。一方、彼女はお店に来たお客さんとの世間話に花が咲き、立ち話に明け暮れていた。仕事と家事を精力的にこなす夫と、愛嬌を振りまくだけでやるべきことをやらない彼女の間で、夫婦げんかが絶えなかった。

夫婦の間には、真面目で気立ての良い中学生の息子がいた。彼女は息子のことがかわいくて仕方ないようで、手塩にかけて育てていた。心配性な性格と、情け深い感情が合わさった結果、「可哀想だから、○○してあげましょう」「まあ大変、○○になったらどうしましょう」というのが口癖となり、過保護・過干渉の態度を取り続けることとなった。大学生になると、息子はうつ状態になり、自宅に引きこもるようになった。生きていれば誰しも、さまざまな困難に直面するものであるが、つらいことがあると落ち込み、悲しいことがあると落ち込み、心配なことがあると落ち込み、物質的には何不自由ない恵まれた環境にあったにもかかわらず、彼は精神的に追い詰められていった。

考察

もともと美人だった彼女は「良い人だと思われたい」という欲望の赴くままに行動し、情け深い感情が手伝って、世間の人からは困っている人の救世主のように映ったかもしれません。ところが、主婦としての役割は果たさず、母親としても過保護・過干渉により、子供の健全な成長を阻害し、不幸にも息子さんをうつ病にしてしまいました。

彼女は、世間では良い人であったかもしれませんが、「自分の欲望の赴くままに行動した」だけであり、「自分の役割」を果たそうとはしませんでした。

役割というのは、「**そうすることで、自分を含めた周りの人たちの幸せにつながる行為**」のことを指します。それとは反対に、「**自分を犠牲にして周りの人たちを幸せにしようとする行為**」は**偽善**です。自分を犠牲にして行動すると、次第に自身が行き詰まり、最終的には、周りの人たちに迷惑をかけることになるからです。

「～したい」「～したくない」は**欲望**
「～するべき」「～するべきでない」は**役割**

たとえそれが人助けであっても、「したいから」「したくないから」という基準で行動すると、結果的には自分を含めた周りの人たちが不幸になります。

彼女は「良い人だと思われたい」から優しくし、心配だからといって余計な手出しをし、可哀想だという思いで手を差し伸べました。そのような行動が、彼女の家族全員を不幸にしてしまったのです。

たとえ「してあげたいこと」であったとしても「してあげたくないこと」であったとしても、自分の役割である「するべきこと」はしなければならないのです。

欲望の赴くままに行動することはとても簡単ですが、役割を果たすためには心の強さと優しさが必要となります。

「情けは人のためならず」ということわざがありますが、原義とは別の解釈があります。「情けは人のためだけでなく、いずれ巡り巡って自分に恩恵が返ってくるのだから、誰にでも親切にせよ」という宗教的な解釈の仕方（原義）に対して、時代とともに別の解釈も生まれました。「情けをかけることは、相手のためにならない行為であり、結果的に相手を駄目にすることになるので情けはかけるべきではない」という解釈の仕方です。国語辞典で調べると、原義が正しく、別の解釈は誤った解釈であるとされています。しかし、真実に照らし合わせれば、原義が誤った解釈であることを、彼女の生き方が証明しています。情けをかけて、「可哀想だから、心配だから」と手出ししてしまう（過保護・過干渉）の結果、自立心を育てるチャンスを奪い、自立できない依存型の人間を作ってしまったのです。

もし、そばにいる人から「あなたのおかげで私は頑張っていられます。あなたがいないと生きていけません」と言われたら、あなたはどのように感じるでしょうか。

「私を頼りにしてくれている。うれしい、頑張ってもっと支援してあげよう」

そう思ったあなたは、相手の自立の邪魔をし、依存心を高めることに協力して、その人を不幸にしていることに気づかなければなりません（相手が小学生以下の子供の場合は問題ありません）。

「私がいないと生きていけないなんて、どうしてそんなに情けないことを言っているのだろう。しっかりと鍛えてあげないと、将来自立できずに、大変なことになる。何とかしないといけない！」

そう思ったあなたは、相手の幸せを願うことのできる心強い人です。

学ぶべき教訓

教訓1）本当に良い人は「良い人だと思われたい」とは思わない

常に周りの人に対して気遣いをし、敬意を持って行動している人は、「生き方そのものが良い人」なので、決して良い人だと思われたいとは思っていません。満面の笑みを浮かべることなく、淡々と周りの人に対し奉仕し、ありのままの自分をさらけ出します。なぜなら、「それを良い人と評価するか」「悪い人と評価するか」は、周りの人の勝手だと考えるからです。

教訓2）人間は役割を果たすために生きている

地球上の全ての人が欲を捨て、役割を果たすために生きることができたとしたら、真の平和が地球上に訪れるかもしれません。しかし現実は、野獣と同様に本能の赴くままに「欲望」と「恐怖」で支配されている地域が多いので、永遠に争いは止まず、人間の意識に変化が起こらない限り、平和が訪れることはないでしょう。

「～したい」「～したくない」という欲望の赴くままに生きることをやめ、「～するべき」「～するべきでない」という役割を果たす生き方を実践していくことは、人として生きていく中で最も大切な原則であると思います。しかしながら、このような重要なことは学校でも家庭でも教わりません。

教訓3）情けは弱さの表れ、愛は強さの表れ

「可哀想に、何とかしてあげたい」という思いが「情け」です。後のことを考えずに、目の前で困っている人に対して支援してしまいます。そのお節介な結果として、相手が自立心に欠け、依存心の強い未熟な人間になったとしても、情けをかけた本人は、自分の犯した罪に気づくことなく一生を終えてしまいます。

「情け」というのは、心が弱いが故に苦しんでいる相手のことを見ていられず、思わず手助けをしてしまうという愚かな行為です。

「愛」というのは、相手が強くたくましく、社会の中で地に足をつけて生きていけるように支援することです。

「とてもつらい状況だけれど、何とか自分で努力して、しっかりと乗り越えてもらいたい。必要な状況となった場合は、適切なタイミングで援助することは惜しまないけれど、自分で責任を持って行動してもらいたい」

そう考えて、必要な援助のタイミングを見ながら、相手を優しく見る姿勢が「愛」であり、これは心の強さと優しさがなければできないことなのです。

ティーブレーク・知っておきたい豆知識

贅沢と浪費について

賢い生き方とは、倹約してお金をため、贅沢《ぜいたく》をして人生を豊かに楽しむ生き方です。愚かな生き方とは、浪費してお金を失い、ケチになって必要なことにお金をかけないような生き方です。

「贅沢」「浪費」「倹約」「ケチ」をまとめてみますと、以下のようになります。

贅沢：必要なことにお金をかける
浪費：無駄なことにお金をかける
倹約：無駄なことにお金をかけない
ケチ：必要なことにお金をかけない

それが贅沢なのか？　それとも果たして浪費なのか？　それを決めるのは、買ったものの種類や金額ではありません。

千円で本を買ったけれど、積んだまま読まなかったら、それは浪費です。二百万円で車を購入し、うれしくて毎日乗って、二百万円以上楽しめたとしたら、それは贅沢です。同じ車を二百万円で購入し、一週間で飽きてしまい、車庫に停めて乗らなかったとしたら、それは浪費です。

贅沢になるのか、それとも浪費になるのか？　それを決めるのは、物の種類や値段ではありません。「**買った人がどのように使用するか**」なのです。「贅沢か浪費はその人の心が決める」ということになります。「幸せはその人の心が決める」「仕事のやりがいはその人の心が決める」などの言葉を見つめ直してみると、心の持ち方次第で人生が大きく変わってくることに気づくでしょう。

反面教師(7)

同族経営は二代でつぶれた

エピソード

三十六歳男性で、製造業の会社の二代目。社長の次男として、長女と共に裕福な環境で育てられた。欲しいものは何でも手に入り、中高一貫の私立校でのんびりと過ごした。真面目で人付き合いも良いため、仲の良い友達もたくさんいた。親の勧めに従い推薦で私立大学に入学し、青春を謳歌《おうか》して四年間を過ごした。母親は、彼を厳しく教育してくれるような会社に就職して、人間関係や経営のノウハウを学んでから父親の会社に入社することを勧めたが、社長である父親は、「俺が鍛えるから心配ない！　ただでさえ人手が不足しているのだから、回り道している暇なんかない！」と主張したため、彼は卒業してすぐに父親の会社に就職することになった。

職人としての技術もなく、管理者としてのマネージメント能力もなく、対外的な交渉ができるわけでもなく、従業員たちからは二代目のボンボンと言われ、会社の中には彼の居場所はなかった。

そんなある日、社長が体調を崩した。現場に出勤することができなくなり、彼が社長代行として各部署を回り、会議を開き各部門の調整役を行うことになった。ところが、現場を体験していない彼にとっては、現場で何が起こっているのかさっぱり理解できず、従業員から問題提起されてもどうしたらいいのかわからない。「何とかしましょう」と適当に返事をして、はぐらかすことしかできなかった。いつも知らないところで誰かが尻拭いをしてくれていたため、お坊ちゃん育ちの彼は、誰かが支えてくれているおかげで物事がうまく運んでいるという現実にも気づかず、支えてくれるスタッフに対して感謝の気持ちを持つこともできず、ねぎらいの言葉一つかけることさえしなかった。

社長は体調が回復せず、彼に社長代行を任せた状態で、あれこれと指図していた。彼が決めたことに対して「そんなんじゃ駄目だ！　俺の言うとおりにしろ！」そう言って社内をかき回す。誰が責任者であり、誰の言うことを聞いて動けばよいのか分からず、社内は混乱を極めた。

数年後、社長が引退して彼が後を継ぎ、社長になった。しかし、問題が起きると泥縄式につじつまを合わせるということの繰り返しで、あらかじめ将来のリスクを予測して対応策を練ることや、将来の発展に必要な先行投資をする知恵もなく、時代の変化とともに、不採算部門となった部署に対して撤退する勇気も持たず、先代が築き上げた会社を今までどおりに運営していくことだけで精いっぱいだった。

会社の将来を考えていろいろと提言してくれているスタッフの言葉を無視し、思いつきで決済を行うことの連続で、やる気のあるスタッフは去り、楽をして給料だけもらいたいというようなスタッフだけが残ることとなり、数年後には会社は倒産に追い込まれてしまった。

考察

「幼い頃から、何不自由ない生活を送り、何も苦労もせずに親から財産と地位をもらい、彼は何と幸せなのだろう！」。

世間の人は、そんなふうに彼のことを思い、羨望《せんぼう》のまなざしで見ています。しかし、過保護・過干渉の両親に育てられ、お坊ちゃまとして生きてきた本人にとって、会社の経営を任されるということは天国から地獄に突き落とされる程の衝撃的な出来事でした。あたかも「飛び方を教わらず、飛べないうちに巣を追い出されるひな鳥」のようなものであり、とても残酷な出来事なのだと考えられます。

母親の考えどおりに、成長過程で他の会社に修業に出て「世間の厳しさを体験」し、「先のことを考える計画性」や「全体に事を考える行動力」そして「リーダーとはどのような役割を果たすべきなのか」ということをしっかりと学んでから父親の会社へ入るべきでした。

よく「同族経営は三代でつぶれる」という言い方をされますが、世の中を観察してみると、これは真実のようです。物質的に豊かな環境の中で、甘やかさずに厳しく育てることがいかに難しいかということを物語っています。

学ぶべき教訓

教訓1）子育ては時期によって対応を変える

植物は、水やりをしないと枯れてしまいますし、水やりのタイミングを間違えると根腐れをして枯れてしまいます。子育ても植物の栽培と同じで、「どのタイミングでどのように育てるのか」をしっかり考えなくてはなりません。サボテンのように、放っておいても勝手に大きくなる子供もいれば、胡蝶蘭のように、必要なタイミングで必要な手当をしないと枯れてしまうような育てることが難しい子供もいます。どんなに育てることが難しくても、胡蝶蘭のように奇麗な花を咲かせてくれるのであれば、親としてもうれしいものです。

①乳児・幼児・小学生：愛情を込めて子供を守り、安心させるという母性が

活躍する時期です。大切にし過ぎて悪いことはありません。

②中学生・高校生：愛情を込めて厳しく自立させ、父親が活躍する時期です。甘やかすと依存心が抜けきれず、自立できなくなります。

③大学生：自分で考え行動させ、自ら責任を取らせる時期です。金を出しても口は挟まずに、遠くから見守る時期です。

④社会人：自分で考え行動させ、自ら責任を取らせます。金も出さず、口も挟まず、遠くから見守る時期です。

教訓2）子育ての極意は子供自身に考えさせること

子供は、大人に比べれば知識も経験も不足しているので、身の回りのどこに危険が潜んでいるのかも知らない。任せておくと、何をしですかも分からないので、危険な目に遭遇しないように親が守ってあげることが大切だ。と同時に、危険から回避するためには、親が子供に対して口を出さなければならない。

――そのように考えることは、最悪の子育て、すなわち「**過保護・過干渉**」

の心理です。親は子供に対して、「こうしなさい」「こうしてはいけません」と命令してはならないのです。

「こうすると、こんなに素晴らしいことが起こります。こうすると、こんなに大変なことが起こります。どちらかを選ぶかは、あなたの自由です」

このように、**「結論を導き出すための方法論」を教えてあげることが大切**であり、選択肢のメリットやリスクに関して説明し、子供自身が自分の置かれた状態や選択肢の内容に関して十分に納得できたところで、自分の意思で決めさせる。そうすることで、自ら考えて行動する大人になります。

自分の意見「私はこう思う」
その理由「なぜかと言えば～だから」

この二つを常に言える人間に成長します。

親が命令ばかりしているような育て方をしていると、子供の時には「素直で従順なお子さんですね」と、三者面談で親は先生から褒められるかもしれません。しかし、言われたことを何も考えずに行動する「指示待ち人間」になってしまったとしたら、子供の人生は無味乾燥でつまらないものになってしまいます。それだけでなく、職場においても、指示されたことしかできない人間であると烙印《らくいん》を押されてしまったとしたら、それはとても不幸なことです。

教訓3）子育ての極意は自分で責任を取らせること

選択するために必要な条件やリスクを説明することが親の役割であり、「何を選択するかは本人に決めさせるべき」ということを述べました。その理由は、「押し付けられてやったことに対する結果」に対しては、結果が思わしくなかった時の責任を、押し付けた人のせいにしてしまうからです。

一方、たとえ子供であっても、自分で選択したことに関しては自分の責任を感じるものです。自分でまいた種は自分で刈り取る——これが社会の鉄則です。自立心を育み、強さを身につけるために、自ら選択した結果に対して責任を取らせるということが、とても大切なのです。

教訓４）自由責任

過保護・過干渉は子供を駄目にします。でも、自由放任も子供をダメにします。子育ての理想は「**自由責任**」という言葉で表されます。**理由を説明した上で、自ら選択し、その結果を自分の目で確かめさせ、問題が発生したら、しっかりと責任を取らせる。**社会人として当たり前のことを子供の時から予行演習しておく。これが自由責任なのです。

もしも子供が間違った選択をして、その結果失敗したとしても、その失敗から立ち直るだけの強さと知恵を学ぶことができるはずです。ただし、取り返しのつかないような致命的な失敗や、失敗がトラウマになり自身喪失につながるようなタイプの失敗は断じて避けなければなりません。そうならないために、親がしっかりと見守る必要性があります。親が自分で行動した方が、早く確実に結果を出すことができるかもしれません。その方が親にとっても楽であり安心です。しかし、親が余計な手出しをすることにより、子供にとってのせっかくのチャンスを奪うようなことはあってはならないのです。

ティーブレーク・知っておきたい豆知識

自由と責任について

感情をすり減らす子育てから、頭を使う子育てへ

「過保護・過干渉」が子供の成長を阻害し、自立を妨げて、うつ病や神経症の誘因となり得ることは、前にお話ししたとおりです。「過保護・過干渉」でなければ、対語として「自由放任」という言葉しか思い浮かばないかもしれませんが、自由放任は親として無責任な態度です。親が子供に対する姿勢として理想なことは、「自由責任」という言葉で表すことができます。

これらの違いについて、具体的に説明します。

過保護…親がやってあげてしまう（情け）

「失敗したら大変」

「可哀想だからやってあげましょう」

過干渉…自分で考えさせず指示してしまう（命令）

「こうしなさい」

「こうしてはいけません」

自由・放任…子供に無関心で見捨てる態度（無責任）

「自分のことは自分で決めなさい」

「どうぞ好きにしてください」

「私には関係ないことです」

自由・責任…自立のための予行演習として見守る態度（説明・提案・見守り）

「こうするとこんなに良いことがある」

「こうするとこんな問題が起こる」

「よく考えて自分で決めなさい」

「自分で選択した結果に対しては、自分で責任を取りなさい」

「過保護・過干渉」と「自由放任」は、親は頭を使わずに、反射的に行動した結果です。

それに対して「自由責任」というのは、親が精いっぱい頭を使い、子供に対してどのように「選択肢を提示」し、「選択肢のメリットとデメリットを解説」し、子供が間違った選択をした時に、どのタイミングでどのようにしてリカバリーショットを打つのかを、しっかり考えておくことです。

頭を使わずに感情的に行動する親は、「過保護・過干渉」を選択し、頭を使わず、感情も使わず、無責任な態度を取る親の行動が「自由放任」ということになります。親が頭を使って知恵を絞り、子供が良い方向に進むようにしっかりと作戦を練り、子供に対してプレゼンテーションする姿勢が「自由責任」なのです。

「洞察力」「企画力」「プレゼンテーション能力」など、企業で活躍するスタッフレベルの才能がなければ、「自由責任」という教育を上手にこなすことはできないのかもしれません。イライラと感情をすり減らす子育て「過保護・過干渉」から、楽しんで頭を使う子育て「自由責任」へ転換しましょう。

親として子供にかけるべき言葉

〇質問＆模範解答

どうしたらいいと思うの？

こうした結果でどんなことが起こるの？

こうすると相手がどんな気持ちになる？

そうだね、そうするときっとうまくいくね！

×命令＆禁止

こうしなさい！

あんなことをしてはいけません！

〇誘い

こんなふうにしてみたらどうかな？

一緒にやってみようよ！

反面教師⑻

面白い仕事を追い求め定職に就けない男

エピソード

三十八歳の男性。中学校卒業後に高校に行くのが嫌で、父親の知り合いの高級料理店で働くことになった。はじめはトイレ掃除や皿洗いが与えられた唯一の仕事であったが、文句一つ言わずに辛抱強く働き続けた。その結果、さまざまな仕事を任せられるようになり、腕に磨きをかけてついに店長まで上り詰めた。しかし、自分が提案した方法で運営したいと考えても、ミーティングではその都度経営者に反対されていた。そこで、自分の思いどおりに仕事をしたいと考え、新たな夢をかなえるために退職した。自分の店を構えたいのだが、資金がないため広告代理店に就職し、飲食店を対象とした営業職に就いて活動を始めた。職人としてのスキルはあるものの、マネージメント能力は持ち合わせていなかったので、店舗巡りをして頭を下げても顧客を増やすことはできず、仕事が自分には合わないと考えて辞めてしまった。人の下で言いなりになって働くのは嫌な性格であったが、だからといって、一人でお店を切り盛りする能力もなく、「どこかに面白くて金もうけのできる仕事が転がっていないか」と夢のような話を探し求めて、ただいま求職中である。

考察

「どこかに、面白くてやり甲斐があって、楽しく働けて、たくさん給料をもらえる職場はないだろうか」。就活中の学生さんたちが共通して考える、虫のいい話です。

彼のように、面白い仕事がないかと探し続けている人は、一生掛かっても見つけることはできないでしょう。面白い仕事を探すために必要な要素は、「人の心の中」にあるのです。童話「青い鳥」のようなものです。

つまり、「どのような仕事に就くのか」よりも「どのような気持ちで仕事をするか」の方がはるかに大切なのです。言い換えると、仕事を楽しくこなすために大切なことは、「仕事の種類」ではなく、その人自身に「**仕事を面白がる心があるのかどうか**」ということです。

楽しく仕事をするために必要なことは、「**好奇心**」と「**向上心**」です。「なぜだろう」「なるほど、そうだったのか！」「どうすればもっと上手にできるだろう」「なるほど、こうやったらうまくできるはずだ」などと考えるのです。彼の場合も、面白い仕事を探し求めることを止めて、自分自身の生き方を考え直すべきでしょう。「**仕事のやりがいはその人の心が決める**」ということになります。

学ぶべき教訓

教訓1）人間が授かった最高の喜びは「考えること」

「なぜなのだろう」「どうしたらうまくいくだろう」「どうしたらもっとうまく

なるだろう」などと考えることは人間に大きな喜びをもたらします。

推理小説を読む人は、「なぜだろう」「なるほど、そうだったのか」を楽しんで読んでいます。

テレビゲームをやる人は「どうしたらもっとうまくなれるのだろう」「こうやってみたら良いかもしれない」を楽しんでいます。

職人さんは、「どうしたらもっと早くできるだろう」「なるほど、こうやってみた方がいいかもしれない」を楽しんでいます。

芸術家は「どうしたらもっと素晴らしい作品が出来るだろう」「なるほど、こうやってみた方がいいかもしれない」を楽しんでいます。

要するに、**頭を使って創意工夫しながら、試行錯誤を繰り返し、道なき道を進んでいく過程を楽しむことが最高の人生**であり、それに必要な「**考える能力**」を人間は与えられたのだと思います。

教訓2）考えることは楽しく、悩むことはつらい

何か問題が起こったときに、「どうしたらうまくいくだろうか」と考えることは、楽しいものです。**考えることで、問題解決に向かって一歩踏み出せる**からです。

何か問題が起こったときに「困ったなあ、どうしよう！」と悩むことはつらいのです。**悩んでも問題解決にはつながらず、エネルギーと時間を浪費**するだけです。「考えることは楽しく」「悩むことはつらい」ということです。

教訓3）トイレに神様はいない

「トイレの掃除をすると、トイレの神様が見ていてくださってウンが付いて、仕事がうまく回るようになる」。そんな言い伝えがあり、トイレの掃除を一生懸命にする会社の社長さんもいるそうです。

「トイレの掃除をすると、仕事がうまく回る」。これは現実的にはよく見かける現象です。それでは、本当にトイレに神様はいるのでしょうか。

若い頃は、楽しいことは積極的にやりますが、楽しくないことはやりたくないという傾向があります。宿題もやりたくないものの一つかもしれませんが、やりたくないのが掃除、特にトイレ掃除なのだと思います。

やり始めた時の素直な気持ちは、「仕方ないからやる」であったかもしれません。しかし、「継続は力なり」という言葉通りに、次第に掃除に対する意識が変化していきます。

「やりたくないからやらない」**怠慢・拒否**

←

「やりたくないけど仕方がないからやる」**義務・我慢**

←

「役割だから何も考えずにやる」**使命感**

←

「奇麗になるのを楽しみにして楽しんでやる」**喜び・生きがい**

このように、トイレの掃除をする過程でその人の意識が変わってくると、今までイヤイヤやっていたことを、いつの間にか楽しんでできるようになります。意識（潜在意識）が変化したことで、仕事に対する考え方にも変化が起こり、今までイヤイヤやっていた仕事が楽しんでできるようになります。周りの人たちが嫌がる仕事を、「はい、私やります。喜んで！」という態度で仕事をするようになると、周りの人から、やる気のある人間であると認められ、信頼されて仕事を任されるようになります。

これが、トイレ掃除をすると仕事が回るようになるという理由なのです。トイレに神様がいらっしゃって、ご褒美をくれるわけではなさそうです。

教訓4）周りに面白いものがないのではなく、単に自分に面白さを感じる感性がないだけ

世の中には美しいものがたくさんあります。しかし、それに気づけないがために「世の中には美しいものなんかほとんどない」と言い張る人がいらっしゃいます。美しいものがないのではなく、美しいものを感じ取るだけの感性がないのです。

世の中には面白いものがたくさんあります。しかし、それに気づけないがために「世の中には面白いものなんかほとんどない」と言い張る人がいらっしゃいます。面白いものがないのではなく、面白いものを分かるだけの感性がないのです。

生きているかぎり、周りの人のお世話になることがたくさんあります。しかし、それに気づけないがために「自分は誰のお世話にもなっていない」と言い張る人がいます。お世話になっていないのではなく、「お世話になっているということが分かるだけの感性がない」つまり「感謝の気持ちがない」ということなのです。さまざまなことに対する感性を磨き、楽しみながら、感動しながら、感謝しながら生きていれば、素晴らしい人生を送ることができると思います。

ティーブレーク・知っておきたい豆知識

うれしい時に泣き、つらい時に笑う

うれしい時に笑い、つらい時に涙を流す人がいます。それが、世界の常識かもしれません。しかし、それが人間の本来あるべき姿ではないことに気づいている人はほとんどいません。

「努力が報われて良い結果が出た。苦しい環境の中で、周りの人たちの支援のおかげでうまくいった！　うれしい！　ありがたい！」と自分を鼓舞し、支えてくれた人たちに感謝すると、うれしくて涙が出てくるものです。心の底から喜び、感謝した時には、必ずと言っていいほど涙がこぼれます。フィギュアスケートの選手が素晴らしい演技をして、高い得点を挙げた時に流す涙をご覧になったことがあるでしょう。それが、血と汗と涙のにじむ努力の成果だからです。喜びと感謝の思いが心の奥底に伝わり、潜在意識（魂）の琴線を震わせることで、涙があふれてくるのです。うれしくて、笑顔が出るのは、顕在意識（心）のレベルでの愛想笑いにしかすぎません。

人生においては「神も仏もありゃしない」。不幸のドン底に落ちて、もう這い上がることなんかできない。このような絶望の淵に沈まされることも、決してまれではありません。そんな時に、人間という生き物は、笑顔を見せることがあります。決して頭がおかしくなったわけではありません。人間は、窮地に立たされた時に、魂（潜在意識）が崩れないように笑顔を見せるようにつくられているのです。

残念ながら、ドン底に沈んだままの人にはこの笑顔は見られません。ドン底から這い上がった人たちが、這い上がろうと決意を固めた瞬間にこの笑顔を見せるのです。思いどおりにならない原因に対して不満や怒りの感情を持っていても、良い考えは浮かんできません。現実を受け入れて、冷静になって初めて、さまざまな前向きなアイデアが浮かんでくるのです。

「どうして私ばっかり、こんなに不幸な目に遭わなければならないの⁉」という思いを捨て、「なるほど、これが現実か。頑張るしかない！　あぁ、どうしたら、切り抜けることができるか。こうしたらどうだろうか、あんなふうにしたらどうだろう」

このように意識が変わり、現実を受け入れた瞬間に、笑顔が現れるのです。

笑いには、他人をあざ笑う（嘲笑）、心の貧しい人に見られる笑いもありますが、緊迫した状況の中で緊張感を瞬時に消してしまう素敵な笑い（ユーモア）もあります。そして、絶望の淵に沈んだ時に現れる現実を受け入れた笑い（受容）もあるということを知っておくべきでしょう。

ユーモアというのは、理屈抜きでその場の雰囲気を変えることができる人間に与えられた素晴らしい能力です。緊迫した状況の中で、なんとか状況を好転させたいと思った時に、良いタイミングで最高のユーモアを表現することで、その場に居合わせた人たちの心の緊張の糸が切れて、みんなが笑顔になれるのです。

誠実であり、それでいてユーモアセンスを持つ生き方ができたとしたら最高です。

反面教師(9)

ＯＬ人生は後悔ばかり

エピソード

四十七歳女性。離婚をして一人暮らしをしており、パートで清掃業務に就いて生計を立てている。仕事は大ざっぱでミスが多く、お客さんからのクレームが会社に寄せられることもあり、会社での彼女に対する評価は低かった。彼女はミスをしては常に頭の中でそのことばかり考えて、暗い顔をして過ごしていた。「どうしてあんなミスをしちゃったのだろう、私ってばかだなあ！」そんなふうに後悔ばかりしていた。

「あなたの夢は何ですか？」と訊《き》くと「夢なんかないわよ！」と答える。「人生の目的は何ですか？」と訊くと「人生の目的なんてないわ！　生活のために働くだけよ！」と答える。「あなたの楽しみは何ですか？」と訊くと「さあ、わからない！」と答える。そんな彼女は生活のために今日も仕方なく仕事に出かける。

考察

ミスをしたことを後悔しながら、その日暮らしをしている彼女の人生は、真っ暗なトンネルの中を独りぼっちでさまよい歩いているようなものです。「どうしてこんな失敗をしてしまったのかしら」そんな思いが、常に頭の中を渦巻いているのです。

人間は生きている間に、さまざまな体験をします。初めて体験することに関しては、あらかじめしっかりと準備したつもりであっても、うまくいかないことがしばしばあります。そのような体験をした時に、なぜそうなったのかを反省し、その体験から教訓を得て将来に生かすことができたとしたら、それは良い体験をしたということになり、失敗したことにはなりません。うまくいかなかったその結果に囚われて後悔し、クヨクヨ悩み、自分を責めても、その体験を将来に生かすことはできません。

「過ちて改めざる、是を過ちという」～論語：衛霊公篇～

意味：過ちは誰でも犯すが、本当の過ちは、過ちと知っていながら、悔い改めないことである

論語が記されて二千年以上たった今でも、反省して将来に教訓を生かすことをせず、後悔して落ち込み同じ過ちを繰り返す人間が多く存在するのは、とても残念なことです。

後悔ばかりしている人が後悔の呪縛から逃れるためには、ある合言葉を唱えるしかありません。

「うまくいかなかった！　なぜそうなったのだろう、なるほど、こんなことが原因だったのか。良い経験をさせてもらった。次から頑張ろう！」ということ

です。一言でまとめると、「なるほど、次から頑張ろう！」ということになります。

さて、後悔ばかりする彼女の性格は、いつ、どのようにして形成されたのでしょうか。それは、小学生の時の両親（特に母親）の言葉が原因なのです。子供が失敗した時に「どのような声をかけるのか」。それがその子の思考パターンを決めると同時に、その後の考え方を支配してしまいます。

後悔ばかりしている母親の口から出る言葉は「あんたって子は、どうして失敗ばかりするの！　本当に困った子ねぇ！　あの時もこうやって間違えたし、この前もこんな間違いをした。あんたって子はどうしようもない子だよ！　近所の○○ちゃんなんか、とっても上手にやるそうよ。まったくあんたって子は、どうしようもない子ねぇ、父親にでも似たのかしら！」と、ダブルパンチやトリプルパンチを受けた子供は反論もできず、立ち上がることができなくなります。自信をなくし、頭の中では「どうして私って、こんな失敗ばかりするのだろう！」。そんな後悔の癖がつき、それがほぼ一生持続するのです。

逆に、母親の口から出る言葉が「あらあら、うまくいかなかったわねぇ、どうしてかしら。なるほど、ここを改善すればうまくいったかもしれませんね。次からは、こんなふうにやってみましょう。とても貴重な体験をしましたね、次から頑張りましょうね！」という内容であれば、子供の心の中に失敗を教訓として将来に生かし、前向きな思考パターンが生まれます。

子供が一生涯持ち続ける思考パターンを「後悔と自責」にするのか、それとも「反省と教訓」とするのか、全ては親の口から出る言葉次第なのです。

それと同時に、将来の夢を育むような声がけを繰り返していれば、彼女のように夢も希望も目的もない人生を送らなくて済んだかもしれません。

「将来が楽しみだね！」

「こんなことができたらいいね！」

「うまくいかなかったけど、次から頑張ろうね！」

そんな言葉がポンポンと母親の口からあふれるような家庭であることが理想です。

学ぶべき教訓

教訓1） 失敗して後悔するのは愚か者、失敗して反省するのが賢人

知識だけ身についても、経験が足りなければうまくいかない――それが現実です。お料理や接客に始まり、さまざまな種類の仕事の全てがそうです。

例えば、ご自身が盲腸になって病院へ運ばれ、主治医の先生から「今日、僕、初めて手術をするのですが……」と言われたとしましょう。初めて執刀する外科医に手術してほしいとは誰も思わないのは、知識以上に経験の大切さを感じているからでしょう。

ベテランと言われる人は、一つ一つの経験を大切にし、そこから多くの教訓を得ている人のことです。「どうしたらうまくいくのか」「どうすると失敗するのか」などと、数多くの教訓を体得している人です。

ただし、仕事に就いてキャリアは長いけれど、腕が上達しないという人もいます。失敗してもそこから何も学ばない人です。最も愚かな状況は、失敗すると後悔して落ち込んでしまい、教訓を得ることをせず、再び失敗し、さらに落

ち込むことです。後悔の呪縛から解放されるためには「なるほど！　次から頑張ろう」という合言葉を繰り返し唱えるということしかありません。

教訓2）人間とは失敗を経験しないと気づけない生き物

子供に対して、「こうしなさい！」「こんなことをしてはいけません」などと命令することは、子供自身が考えて決める力を育む上で障害になるため、過干渉はやめるべきです。

「なぜ良いか」「なぜ危険なのか」を説明した上で、自分の責任において選択させることが大切であり、「自由と責任」がベストな教育であると前述しました。しかし、そうは言っても、子供は親の思ったとおりの選択をするわけではありません。失敗して、そこで初めて気づき、教訓を得るのです。知識として知っている教訓よりも、体験して学んだ教訓の方が、深く心（潜在意識）に刻みこまれるからです。

タバコを吸っている人が肺炎にかかり、呼吸困難を体験して初めて健康のありがたみを感じ、禁煙しようと覚悟を決めることと同じです。お湯でやけどをさせないためには、少し熱いお湯に指を入れさせて、お湯の熱さを体感させることが大切なのです。

教育の基本は、①知識を与える②考えさせる③選択させる④やらせてみる⑤反省させることです。わざと失敗させるというのは、大切な教育方法なのです(再起不能の取り返しがつかないような失敗をさせるのは論外です)。見守りながら、親がいつでもリカバリーショットを打てるように待ち構えながら、子供が「失敗して気づくのを待つ」。これが愛情です。

教訓3) 人間は将来を考えて行動する唯一の生き物

動物は、目の前に見える感じられることに反応して、本能の赴くままに行動しています。幸いにも私たち人間には知識や知性があり、将来を予測し、夢と希望を持ち、計画を立て、それを実践することで将来を薔薇色に染める、そんな能力が与えられています。

「過去の体験を将来に生かし、将来の幸せのために今を努力する」。そんな生き方ができたら最高でしょう。日々良い種をまき、良い実を刈り取る。これの繰り返しが最高の人生なのです。

教訓4）ポジティブ思考・ネガティブ思考

同じことを体験したとしても、これに対する感じ方、考え方は人それぞれ異なります。ネガティブ思考のパターンで生きる人はストレスが溜まり、ポジティブ思考のパターンで生きる人は笑顔が溢れます。

過去の失敗体験に対しての、ネガティブ思考が「後悔」であり、ポジティブ思考が「反省」です。

現在の失敗体験に対しての、ネガティブ思考が「落胆」であり、ポジティブ思考は「再起（七転八起）」です。

将来に対してのネガティブ思考が「恐怖」であり、ポジティブ思考は「夢と希望」です。

長生きすることは素晴らしいかもしれませんが、周りの人たちに迷惑をかけながら生きていくことは、望ましいことではありません。それと同時に、ネガティブ思考で長生きしてきたのであれば、悲惨な人生ということになるでしょう。

地球上に生まれ、百年前後の人生を歩み機会を与えられたのであれば、ポジティブ思考で夢と希望を持ちながら歩むことが理想といえるでしょう。

ティーブレーク・知っておきたい豆知識

他人からの評価について

テレビ番組のワイドショーを見ていると、ニュースを伝える人の司会者と、それに対して意見を言う数人のコメンテーターが並んでいます。コメンテーターたちは、ニュースの内容に関してあらかじめ情報を仕入れているので、話題を振られても的を射たコメントをすることができます。しかし、コメントの内容そのものには、コメンテーターの人間性が表れています。

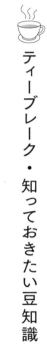

自分がやろうとしてもできないのにもかかわらず、平気な顔をして他人の批判をする。そんなコメンテーターが大勢います。現状に不満を持っている人たちの心をつかむためには、体制を批判することが手っ取り早いからです。

経済学の教授が会社を経営したからといって、うまく経営できるわけではありません。政治学の教授が知事に就任したからといって、知事として手腕を発揮できるわけではありません。家政学の教授がレストランを経営したからといって、うまく経営できるわけではありません。たとえ知識があっても、センスがなければ通用しないのが現実社会なのです。学者や論説委員のように理屈ばかり述べる人の意見ではなく、実際にその分野で成功を収めた人の意見を聞かないことには、真実は見えてこないのです。

多くのコメンテーターは、社会を良くするような意見を述べるのではなく、大衆に受け入れられ、自分の立場を守るために好都合な内容をコメントします。そこには「良い人だと思われたい」という意識が働いているのです。

自分に会社を経営する能力がなくても、経営者の批判をすることは可能です。自分に政治家としての能力がなくても、政府の批判をすることは可能です。思いどおりにいかない現実に対して不満を募らせている大衆の受けを狙って、コメンテーターの多くが、国民のために必死で努力している政府の批判を偉そうな顔をしてまくしたてます。彼らは単に人の批判をするだけで、こうしたらうまくいくという代案を出すだけの能力を持ち合わせていないのです。

「どのような人間」が「どのような発言」をしたのか、ということを知っておくことが大切です。

誰かが総理大臣の批判をしたとしましょう。その瞬間に総理大臣がダメな人間に変化するわけではありません。総理大臣の考え方や人間性は、選挙で選出される前から変わりません。多くの人は、総理大臣の考え方が自分の利害関係にマイナスに働く場合には総理大臣を批判し、自分の利害関係にプラスに働く場合には総理大臣をたたえる発言をします。

コメンテーターに限らず、新聞や雑誌の書評にしても、どのような立場のどのような人間性の人物か、そのことをどのように評価しているのかということをしっかりと見極めて、「真実は何か」ということを客観的な視点から評価しなければなりません。

私たちは日常的に、他人から評価されることがあります。「あなたって、ひどい人ね！」「あなたは、非常識な人間だ」などと言われて、傷つく人がいるかもしれません。でも、側にいるネガティブな評価しかできない人間に、ネガティブな評価をされたからといって、あなたの価値が下がるわけではありません。なぜなら、その人が世の中で絶対的な評価をできるような立派な人ではないからです。

世界中の七十六億の人たちが口をそろえて、あなたに対して「あなたは愚かな人間だ！」と評価したときには、思いっきり落ち込んでみてください。そうではなくて、ネガティブな人間から言われたときは、そのように映るものであると理解して、自分に自信を持って生きてください。

もしも周りの人から「あなたって、ひどい人ね！」「あなたは非常識な人間だ！」と言われたときには、次のように切り返してください。

「なるほど、あなたから見たら、私のことがそのように映るのかもしれません。しかし、私のことを素敵だと言ってくれる人もたくさんいるのです」

他人からの評価を判断するときには、どのような人間性を持った人からの評価であることを念頭に置き、できるだけ真実に近い情報を心がけることが大切です。

反面教師⑽

監視しなければ悪事を働く店長

エピソード

二十七歳男性。独身で代官山の小さなカフェでアルバイトをして生計を立てている。イケメンで話好き、女性だけでなく男性ファンも多い。お店のお客さんには、満面の笑みと最高のトークを武器にカウンターでコーヒーを作る。コーヒーの香りと、彼の笑顔そして軽快なトークに、多くの客が癒やされる。まさに、バリスタをするために生まれてきたようなナイスガイである。

なお、カフェの経営者はブティックの経営をしており、趣味で（カフェを）開いていたため、お店にはほとんど顔を出す暇がなかった。

ナイスガイの彼であったが、一方で体調が悪いからと言って突然お店を休むこともあり、慌てて代わりのスタッフをブティックから派遣するなど、責任感に欠けるような一面が垣間見られた。しかし、彼のファンは多く、彼の人気でお店が成り立っているということもあり、誠実さに欠ける一面には目をつむって、店長として働かせていた。

ところが、店のにぎわい具合に比べて、レジの売り上げが少ないという噂が立ったため、お店のレジに監視カメラを設置したところ、なんと彼がレジから売り上げ金を盗んでいる姿が捉えられたのである。そこで、彼を懲戒解雇としてカフェを畳むことにした。

考察

人が社会の中で周りの人と良好な人間関係を築いていくために必要なことは、「**誠実さ**」と「**責任感**」です。誠実さと責任感に欠けた人間であっても、思い切りの作り笑顔で、「はい、分かりました。私が何とかしてみせましょう。どうぞ私にお任せくださいませ」と言われてしまうと、誰でも信頼してしまいます。誠実さと責任感を兼ね備えた人物なのかどうかを判断するためには、その人の「行動」をしっかりと観察することが大切です。「なるほどこの人は、このような状況では、こんなふうに行動するのだ！」と、次第にその人の本性が浮き彫りにされていきます。

「**その人が何を口にしているのか（顕在意識）**」ではなく、「**どのような行動をしているか（潜在意識）**」を観察しなければなりません。店員と客、お茶飲み友達、近所付き合い程度の関係では、本性を見抜くことはできません。①世間の目を気にしなくてよいプライベートな状況②予想外の出来事が起こった時③お酒を飲んで抑制が取れた時などに、その人の本性が現れるのです。

信頼関係は、ある出来事により本性が暴露されると、一瞬のうちに崩れ去ります。「こんな人だとは思わなかった」という言葉がそれを表しています。

逆に、信頼関係を築き上げるためには時間がかかります。「このような困難な状況の時に、このような勇気のある行動をした」「このような予想外の出来事に対して臨機応変に責任ある行動を取り、会社の窮地を救った」など、さまざまな出来事の積み重ねの中で、「彼に任せておけば安心だ。彼に任せてダメなら仕方ない、諦める以外に方法はない！」。そういう評価をもらえることを、「信頼を勝ち取る」と呼ぶのです。

社会の中には、無責任な人間は少なからず存在します。そんな人たちと接する際にも、彼が犯罪に手を染めないようにしっかりと監視し管理してあげることが、その人に対する愛情であると思います。

学ぶべき教訓

教訓1）信頼は一日にして成らず。だが一瞬にして崩れ去る

信頼関係は、お金では買えない貴重な財産です。日常生活の中で、有言実行を実践していくしかありません。

良い人のふりをして、もっともらしい言葉を口にしている人は大勢います。その人たちの行動をつぶさに観察することで、（その人が）本当に信頼できる人かどうかを判断しなくてはなりません。信頼の証しは有言実行ですから。

教訓2）無責任な人間は自分が無責任であると思っていない

人間は、自分にとって興味深いことは、しっかりと記憶しているものです。芸術に興味のある人は、芸術作品のことをよく覚えています。お料理に興味のある人は、どこのお店に行ったのかをよく覚えています。感謝の気持ちのある人は、人からいただいたことを覚えていますので、お世話になった人に出会うと、「先日は、ありがとうございました」と即座に言葉が出ます。

責任感のある人は、自分が口にした言葉をしっかりと記憶しています。ところが、責任感に欠ける人は、自分の口にした言葉を忘れてしまいます。

責任感のない人は、自分が無責任な人間であるとは思っていません。ただ単純に、自分の言動に興味がないため、自分のいった言葉を忘れてしまうだけなのです。言い換えますと、「**無責任＝責任感に欠けている＝自分の言動に興味がない**」ということなのです。

教訓3）その人の本性を見抜くのに一番良い方法は、予想外の出来事が起こった時に、その人がどのように行動するかを傍らで観察すること

人間という生き物は、想定範囲内の出来事に対しては、何も考えずに良い人を演じることができます。しかし、予想外の出来事が起こった時には、いつものパターン通りに行動することができず、どうしたら良い人を演じられるのかを考える余裕もないため、潜在意識の赴くまま、本性を露《あら》わにして行動してしまいます。

教訓4）犯罪は処罰よりも防止が大切

無責任な人間に管理するためには、悪いことをしないように厳重に監視しておかなければなりません。監視することがプライバシーの侵害にあたり、相手に対して失礼に当たるという考えもありますが、犯罪に手を染めて、相手が脱落の道に行かないように、必要な対策を打つことの方が重要です。無責任な人間に大切なことを任せ、その結果、相手が犯罪に手を染めることになったとしたら、取り返しのつかないことになります。

警察の一時停止の取り締まりでよくあるパターンは、陰に隠れて運転手が違反する行為を待ち構え、違反した瞬間に「それ見たぞ！」と交通反則切符を切ります。そのような行為は、とても卑怯な行為であり、人として恥ずべき行動だと思います。罪を犯した人を逮捕することよりも、罪を犯す前に未然に防ぐことの方が警察の本来の役割ではないでしょうか。

仕事をする際は、信頼できるスタッフだけで仕事ができたとしたらそれに越したことはありません。しかし、現実には理想のスタッフばかりがそろうということは滅多にありません。スタッフが信頼できないから、レジのお金をしっかりと管理するのではなく、スタッフ自身が気の緩みから間違いを起こし、犯罪者に仕立て上げないように管理してあげることが大切です。

教訓5）ワザと失敗させることも大切な教育法

間違いを起こす前に、未然に防ぐことの大切さは、先程述べたとおりです。

犯罪に関しては、未然の防止が鉄則です。

しかし、人間という生き物は、人から忠告されても、なかなか心に染みわたりません。自分で体験して、痛い思いをして初めてその教訓に気づくのです。取り返しのつかない大きな痛みを味わう前に、小さな痛みをワザと体験することで気づかせるというのも、教育法の大切なテクニックです。間違いを犯した瞬間に注意を与え、リカバリーショットを打ってあげる。それが真の教育です。「あの時は、こうするべきであったのに！」などと後で言ってもインパクトは少なく、効果的ではありません。

ティーブレーク・知っておきたい豆知識

人間を評価する物差しについて

　世の中には、悪人もいれば善人もいます。全ての人間には、短所があれば長所もあります。絶対的な悪がなく絶対的な善がないように、欲望、利己心、責任感も0《ゼロ》から無限まであり、全ては相対的なものです。

　ほとんど全ての人間は、自分のことを普通の人間であると考えています。そして、自分を基準に周りの人を判断しています。どんな悪人であろうと、自分は普通の人間であり、悪い人間ではないと考えています。あなたの目から見て、能力的には劣っている人がいたとしましょう。しかし、その人は自分のことを普通の人間であると当たり前に思っているのです。

　人間性のみならず、技術的なものにも言えることですが、人間は自分を中心とした物差し（尺度）で物事を判断します。自分の物差しに照らし合わせて他の人を評価して、「あの人はネガティブである」「あの人は仕事が遅い」「あの人は責任感に欠ける」などと評価します。そして、自分よりも優れている人間の良さにはなかなか気づくことができず、自分よりも劣っている人間の問題点に対してはよく気がつくものです。

そのように、人間は自分より劣っている人のことしか見えないように出来ており、劣等感で苦しむことがないようにつくられているように思えてなりません。

日本舞踊を例に挙げますと、自分よりも踊りの下手な人を見ると、どこが下手なのかよく分かり、誰がどの程度の腕前なのかが分かります。しかし、自分よりも踊りがうまい人の踊りを見ても、どこがうまいのか、なかなか気づけません。

同じように、自分よりも責任感に欠けている人を見ると、どうしようもないやつだと思い、自分よりも責任感の強い人を見ると、どうしてそこまで細かく対応するのだろうと不思議がります。

また、自分よりも情熱に欠ける人間を見ると、どうしようもないやつだと思い、自分よりも情熱の強い人を見ると、どうしてそこまで頑張ってやっているのだろうと不思議がるのです。

あるいは、自分よりも誠実さに欠けている人間を見ると、どうしようもない無責任な人間であると感じ、自分よりも誠実な人間を見ると、そこまで杓子《しゃくし》定規な行動をするのかと思うものです。

このように、今の自分の未熟さにはなかなか気づけないものです。将来自分が成長して、過去の自分を振り返って初めて、過去の自分の未熟さに気がつくようです。

「自分にはまだ知らないことがたくさんあるし、自分にはまだまだいたらないところが数多くあるかもしれないが、生きている間に少しでも素敵な人間になりたい」と考えることが、人間としてあるべき姿なのです。

ギリシャの哲学者ソクラテスの「無知の知」という言葉があるように、自分が無知であることを自覚していることはとても大切なことです。しかし、自分が無知であることに気づいていない多くの人間に対して、彼らを卑下するような態度をとってはいけません。地球上の人間を客観的に眺めて自分自身のレベルを評価し、自分よりも劣っている人間も存在するが、自分よりも優れた点を持つ人間も存在するということを認識することが大切です。

周りの人の欠点を見ては、自分にもそのような欠点がないかどうかを振り返り、過ちがあれば修正します。周りの人の優れた点を見ては、自分もそうなりたいと考えて努力します。そうやってさまざまな体験を通して自らのレベルアップをしていくことが、ベストな生き方といえるでしょう。

反面教師⑾

理想を貫き家族を省みないサラリーマン

エピソード

五十六歳男性。妻と二人の娘の四人家族で、大企業の課長である。真面目で曲がったことが大嫌いな性格。面倒見がよく、懇切丁寧に指導し、部下には慕われていた。同期入社した同僚のほとんどは出世して、代表取締役から最低でも部長職に就いていた。

彼にとっては、お客さんにサービスをして喜ぶ笑顔を見ることが生きがいだったので、現場から離れることが嫌で、管理職への昇格を拒み続けた。現場の仕事がつまらないと思っていた同僚たちは、年功序列で昇進することを楽しみにし、トントン拍子に出世していた。

彼は、自分の部下がミスをした時は自らの責任と考えて、その旨を上司に報告した。そして、部下が手柄を立てた時には、部下の努力が実って良い結果になったと報告した。そのため、彼の上司は、彼のことを仕事ができない人間と評価していた。

他の部署に勤務している出世欲の強い課長などは、仕事が嫌いで真面目に仕事をしないにもかかわらず、上司に対してお世辞を言うなどして媚《こ》び諂《へつら》い、ご機嫌うかがいばかりしていた。自分がミスをした際には、部下の責任として上司に報告していた。そして部下が手柄を立てた時には、自分の努力のたまものであると報告した。そのため、直属の上司は、彼は部下には恵まれないがしっかりと仕事をする人間であると認められ、出世街道をトントン拍子に駆け上がっていった。

彼の家族は、彼の出世を望んでいるわけではなかったが、家族の経済的豊かさを優先し、昇進に伴う昇給を期待していた。しかし、仕事に対してやりがいを求めていた彼は、家族の意見を無視し、課長として現場での仕事を続けた。

考察

例外はあるものの、人間社会においては、一般的に「その人の人間性と社会的地位とは反比例する」という法則が成り立ちます。

「欲深い人や、特に金銭欲、名誉欲、権力欲、支配欲、征服欲の強い人」は、他の人を退けて、頂点へ立とうとします。競争社会の勝者として君臨したいがために、必死に勉強して受験戦争を勝ち抜き、社会の頂点に立とうとします。

「欲がなく、周りの人の幸せを考えて生きている人」は、精いっぱい自分の役割を果たし、平凡な毎日の中に喜びを見出し、お世話になっている周りの人に感謝しながら、目立たないところでしっかりと生きています。

「幸せな人間とは何か」という永遠のテーマに対する答えは、「幸せとは、その人に置かれた環境にあるのではなく、その人の心の持ち方にある」ということはすでに述べました。昇進を拒み、現場で部下として楽しく仕事をした彼と、別の部署の上司に媚び諂い、トントン拍子に出世街道を突っ走っていった人と、どちらが幸せな人生を送ることができたのでしょうか。言うまでもなく、彼の方がやりがいのある楽しいサラリーマン生活を送ることができたはずです。

もしも彼が独身であったとすれば、このまま美談で終わったはずです。しかし、彼には、妻と子供がいました。夫としての役割や、父親としての役割、会社のスタッフとしての役割、三つの役割をバランス良くこなし、責任を果たしていかなければなりませんでした。彼は、昇進し昇給する努力を惜しむべきではなかったと考えられます。

学ぶべき教訓

教訓1）トップに立つ人物には二通りある

「**欲深く、他人を蹴落としてトップに立った人**」と「**人望が厚くみんなに後押しされてトップに立った人**」と、二通りのトップへの進み方があります。残念ながら、前者の方が多いのが現実です。他者を蹴落としてトップに立った人間は、いずれ他の人に蹴落とされて失脚します。人望が厚く、みんなに後押しされてトップに立った人は、長くトップで活躍します。世界の歴史がそれを証明しています。

教訓2）仕事をする動機には二通りある

仕事をする上で、「**お客さんの幸せのために仕事をする人**」と「**自分の立場を守るために仕事をする人**」の二通りの動機があります。教師であれ、国会議員であれ、お医者さんであれ、弁護士であれ、「先生」と言われる役職の人や、社会的地位の高い人の多くが後者です。現場で汗水垂らして頑張っている人の多くが前者なのです。このことが「**その人の人間性と社会的地位とは反比例する**」という法則を形作っているのかもしれません。

教訓3）リーダーシップとは、部下ができないことを自らやってみせること、部下がやりたくないことを自らやってみせること

嫌なことや面倒なことは部下にやらせ、自分はやらずに踏ん反り返って遊んでいる。うまくいかなきゃ部下の責任、うまくいったら自分の手柄。強い者に媚び諂い、弱い者には威張り散らす、これが最悪のリーダーです。
部下が嫌がることやできないことは、自ら率先してやってみせ、うまくいけば部下の手柄、うまくいかなければ自分の責任、強い者に対して意見を言い、弱い者をいたわる、これが最高のリーダーです。

教訓4）いくつかの役割をバランス良く果たす

人間にはいくつかの「**役割**」が同時に与えられます。「夫婦の役割」「親子の役割」「会社の役割」「町会の役割」など、さまざまです。どれを優先し、どれを犠牲にするのか、ということではなく、バランス良く全てを果たすことができるように努力しなければなりません。決して自己満足に陥り、どれか犠牲にするようなことがないように取り計らうことが大切です。

ティーブレーク・知っておきたい豆知識

組織の種類について

「**組織**」とは、**人が集まって出来る集団**のことです。小さな組織から大きな組織まで、家庭、学校、会社、自治体、国家などがあります。組織の目的によって、仕事などの目的で形成される**アソシエーション**と、楽しく仲間たちが集まる**コミュニティー**とに大別されます。また、組織の運営形態では、**独裁的な組織**と**民主的な組織**に大別されます。

独裁者（上意下達）

権力者がスタッフを支配する

命令

脅迫

民主的（下意上達）

人格者がスタッフを思いやる

気遣い

耳を傾ける

会社は営利集団であり、利益を上げることが目的です。同じ目的を果たす会社であっても、独裁的な会社から民主的な会社まで千差万別です。

「俺の会社だ！　お前たちは俺の言うとおりにしろ。俺の言うことを聞かないやつは処罰する。嫌なやつは辞めてしまえ！」

これが独裁的な経営者です。自分の金銭欲・名誉欲を満たすために会社を設立し、権力欲・支配欲を満たすためにスタッフに対して命令し、脅迫します。自由気ままに自分勝手に行動したいという欲望（放逸）に従い、好き勝手に会社の方向性を指図します。「文句を言わずに、俺の言うことを聞け！」が口癖です。トップは、スタッフを仕事のための道具と考え、どれだけ安い給料でたくさん働かせるかということを考えます。スタッフは、会社はお金を稼ぐための道具だと考え、楽をしてたくさん給料をもらいたいと考えます。

これと対照的な会社では、会社のトップは、お客さんの幸せはもちろんのこと、スタッフの幸せを考え、会社の発展も考え、さらには会社の社会貢献までも考えます。現場の声、スタッフの意見を聞きながら、会社の方針を決めていきます。「何か困ったことがあれば改善しますので、皆さんの意見を聞かせてください。皆さんがやりやすいようにマネージメントすることが、私の役割ですから」。これが口癖です。

トップは、スタッフの健康からやりがいまでも考えて充実した人生を送ってもらいたいと考えています。スタッフは、お客さんの幸せと会社の発展を考え、自分がどれだけ会社に貢献できるかを考えます。

果たしてどちらの組織が優れているでしょうか。皆さんは、ご自身が仕事をするのであれば、後者の会社に勤めて、面倒見の良いトップと楽しく仕事をしたいと考えると思います。

それでは、世界中のありとあらゆる組織が民主的に運営されたら、世の中は、平和で誰もがハッピーに過ごすことができるのでしょうか。それは空想にしかすぎません。

「民主主義は素晴らしい。民意を反映しろ！」

そんな声を駅のロータリーなどでよく耳にします。日本は民主主義国家ですから、当然の意見であると思います。もしも会社組織を完全に民主化して、会社の経営をスタッフの多数決で決めたとしたら、会社の経営はどうなるでしょうか。スタッフが自分たちのいいように給料を上げ、休みを増やしてしまえば、会社は倒産します。学校を民主化して、校則も授業の休みも全て生徒の多数決で決めたとしたら、授業数は減り、テストはなくなり、教室は娯楽場と化し、教育現場は崩壊するでしょう。

また、罪を犯しても反省せず、刑務所に入れられているような人間を集めて、民主的な組織を作ったとしたら、果たしてどのような組織ができるでしょうか。

統制はとれず、秩序は乱れ、結局は力で支配する人が現れて秩序を回復するしか方法はなくなります。日本の刑務所に入っているような人間性の持ち主が、国民の八〇パーセントを占めるような国があったとして、その国の民主国家として秩序正しく維持することができるでしょうか。

皆さんは、このような実例を挙げることで、民主的に組織を運営することの厳しさに気づかれたと思います。組織を構成するメンバーの人間性が豊かで、利他心にあふれ、皆の幸せのことを考えて行動するような組織であれば、民主的にスタッフの意見を聞いて方向性を決めることで物事がうまくいきます。しかし、組織を構成するメンバーの人間性が低く、利己的で欲深く目先のことしか考えることができないようであれば、民意を反映させようとすると、権力争いが生じて秩序が乱れてしまいます。結局、権力を握った独裁者が、恐怖を武器に統率をとっていかなければならなくなります。

イラク戦争で、「フセイン政権を倒せば、イラクに民主国家を樹立させることができるに違いない」。歴史的に見て、日本の戦後の復興という素晴らしい見本があったがために、誰もがそう思いました。それが、アメリカの誤算でした。日本とイラクとでは、民度に大きな差がありました。このことから、世界中の人たちは、「独裁者を倒しても、必ずしも民主国家が生まれるわけではない」という教訓を得ることができたのです。

独裁的な方法でなければ統率が取れないような組織なのか、それとも民主的に統治することが可能かどうかは、組織を構成するメンバーの魂の成熟度（民度）によります。

「自分の住んでいる地域だけが得をすればよい」という利己的な考え方をする人間が多く存在する日本においては、自分の地域に負担がかかる場合には、必ずと言ってよいほど反対の住民運動が起こります。そんな彼らには、日本全体の幸せを考えられるほどの心の広さがありません。

このように、利己心の強い未成熟な人間が数多く存在する日本では、世の中を全て民主的に治めようとしても、統制はとれません。全ての国民が、日本全体、そして日本の将来を考え、お互いに尊重し合って協力して生きていけるところまで日本人の民度が成長できたとしたら、百パーセント民意を反映した民主国家としてうまく成り立つでしょう。日本よりも民度の低い国における民主主義が衆愚政治となり、どれだけ悲惨な問題を引き起こしているかは、新聞を読めば手に取るように理解できます。

リーダーがスタッフを思いやり、スタッフもリーダーに協力する。人間性の豊かなリーダーと人間性の豊かなスタッフで構成された組織では、民主主義としてうまく成り立ちます。しかし、そうでない場合には、民主主義で組織を安定させ発展させることは不可能なのです。

民主主義は理想的だという意見もある一方で、民主主義の功罪という論文も多く散見されます。民衆のレベルに応じた組織の管理法が必要なのだというところに言及するほど、幅広く会社を眺めた社会学者がいなかったことは、とても残念なことです。テレビ番組のコメンテーターも、このことをしっかりと認識したうえで発言すべきでしょう。

反面教師⑿

女性社長の虚しい人生

エピソード

四十八歳の独身女性、女性用小物を販売する会社を経営し、約三十人のスタッフと仕事をしている。いいと思ったことはすぐに採用し、やると決めたことは必ずやってみせるという、人並み外れた行動力が会社をここまで大きくした。しかし、気の合う友達は誰一人としていなかった。家に帰れば独りぼっち、趣味もなく仕事が唯一の友達である。

彼女は、いいアイデアを思いつくと、すぐにペンを取り、目標を定めて計画を立て、達成感という勝利の美酒を味わいながらも、心の奥底に隙間風が吹くのを感じていた。「よく頑張った！　お疲れさま！」。そんなふうに自分をねぎらうのと同時に、「こんなことやっていていいのだろうか、将来何かあった時に、誰も助けてくれない。なんだか寂しい」。そんな気持ちが脳裏をよぎる。「私って、何のために生きているのかしら?」「働くために生きているのかしら?」「それとも歳をとって死ぬために生きているのかしら?」「誰か教えて?」と、宙に向かって呟いても返事はかえってこない。

考察

真面目で前向きで、目標達成のために必死で努力する彼女は、前述したケースのような、欠点らしい欠点は何一つとして見当たりません。天賦の才能と本人の努力によって充実した人生を歩んでいます。果たして彼女は、幸せな人生を送っていると言えるのでしょうか。「幸せはその人の心が決める」と前述しましたが、彼女の心中には、幸せの代わりに虚しさが渦巻いていました。

その理由は、彼女が人生の目的を理解できていないことにあります。人生の目的、すなわち「自分は○○のために生きている!」と言える、何かを見出せずに生きてきたからだと思います。

人生の目的は「**さまざまな体験を通して多くを学び、自分の人間性（魂＝潜在意識）のレベルを引き上げること**」であると思います。亡くなってしまえば、富も名声も権力もあの世には持っていけません。もし死んだ後、霊魂として存在するのであれば、唯一持っていけるのは、**成長した豊かな人間性（魂＝潜在意識）**だけなのです。

豊かな人間性というプレゼントを携えて、この世を去っていくのだと考えれば、物質社会の中にどっぷりと浸り、富や名声や権力を手中に収めることを目標として、本能の赴くままに生きてきた人は、この世を去る時にきっと後悔することでしょう。死んで後悔する人生を送るのではなく、「大変だったけれど、乗り越えてとても勉強になりました。若い頃は、ゴツゴツとして荒削りでしたが、あれこれともまれたおかげでこんなに丸くなりました。とても有意義な人生でした」。そう言えるような生き方の方が幸せなのではないでしょうか。

彼女の幸せ感の喪失の一番の原因は、「何のために生きているのか」という問いに対する回答を知らずに生きていたということです。

学ぶべき教訓

教訓1）人生は結果を出すためにあるのではなく、過程を楽しむためにある

目標を定めて計画を立て、結果を出すために努力することを忘れてはなりません。人間は、死ぬために生きているわけではありません。死ぬまでの過程を楽しむために生きているのです。

教訓2）いつ死ぬのか？　それは神様（自然界）が決めること。どう生きるか？　それは人間が決めること

「**いつ死ぬのか？**」と、不安に思う人がいるかもしれません。悩んでも不安になっても仕方ないことです。いつ死ぬのか？　それは天しか知らないのです。「**どう生きるのか？**」それは自分自身が決めることです。明るく前向きに楽しく生きるのか、暗く後悔ばかりしてつらい人生を送るのか、それは自分自身の心の持ち方で決まることです。

教訓3）人生の目的は、さまざまな体験を通して、自らの人間性（魂＝潜在意識）を成長させること

・若い頃は「人を許すこと」ができなかった。しかし、歳を重ねたら「人を許すこと」ができるようになった。

・若い頃は、人目を気にして「他人から嫌われないようにしよう」と考え、それによって行動が左右された。でも、歳を重ねたら、「人からどう思われるかではなく、人をどのように満たしていけばよいのか」を考えて行動するようになった。

・若い頃は、周りの人からお世話になったとしても、それが何でも「当たり前である」と感じていた。しかし、歳を重ねたら、気づかないところで多くの人たちや環境のおかげで生かされていることに気づけるようになり、「感謝の気持ち」を持てるようになった。

このような成長を遂げた人は、人生を無駄にしなかった人であり、豊かな人間性という宝物を備えて地球を去っていくことができると思います。

ティーブレーク・知っておきたい豆知識 ……………

取り越し苦労について

取り越し苦労とは、どうなるかわからない将来のことをあれこれ考えて、無駄な心配をすることです。

取り越し苦労をする人の頭に浮かぶ言葉は、次のようなものでしょう。

「もしも上手《うま》くいかなかったらどうしよう！」

「途中で予想外の出来事に遭遇したらどうしよう！」

「誰も見向きもしなくなったとしたらどうしよう！」

「協力してくれそうな人たちに裏切られたらどうしよう！」

「もしも病気になったらどうしよう！」

取り越し苦労をしない人の頭の中に浮かぶ言葉は次のようなものです。

「もしも上手《うま》くいかなくても、最高の解決方法を見つけてみせる！」

「人生とは予想外の連続であり、切り抜けることがチャンス！」
「誰も見向きしなくなったとしたら、方向転換するだけ！」
「もっと信頼できる人に出会えばいい！」
「病気になった時にはその時点で最善の策を講じるしかない！」

このように「取り越し苦労をしない」ということは、人生を生きていく上で、とても大切な言葉であると思います。

しかし、この言葉の内容を「先のことはどうなるかわからないから、将来のことは深く考えずに、目の前の現実をしっかり見て、出たとこ勝負で乗り切っていくしかないでしょう！」と解釈したとすれば、それはとても愚かなことです。

賢明な人は、「どのような人生を送るべきか」ということをしっかりと考え、後で後悔しないように人生設計をします。さまざまな出合いがあり、失敗と成功を繰り返しながら一歩一歩進んでいくわけですから、細かな設計などができるはずはありません。しかし、しっかりとした大まかな骨組みを組み、それに矛盾しないような生き方をしなければなりません。

人生とは、プラモデルの組み立てのように単純なものではありません。プラモデルとは、あらかじめ完成図が示されていて、セットに入っている部品を使って、設計図を見ながら組み立てて完成させるものです。人生がそんなに単純だとしたら、生きがいのないつまらないものになってしまいます。会社に就職しても、三十年勤務する先輩の姿を見て、「自分も三十年後にはあんな生き方をしているのか！」と分かってしまった途端に、夢も希望もなくなってしまうようなものです。

確かに、完成図が示されていた方が安心かもしれません。しかし、未来が見えてしまうと夢も希望もなくなってしまうのが人間です。ゲームの面白さは未知への挑戦です。この先何が起こるか分からない、そんな状況の中で未来を予測し、さまざまな道具や協力者の力を借りて、臨機応変に乗り越えていくのです。「失敗を繰り返しながら、試行錯誤でスキルアップし、人生の達人になる。だから失敗を恐れてはならない」。それが取り越し苦労をやめるという言葉の真意なのです。

人間は、試練を乗り越えなければ成長できません。しかし、試練ばかりであるとくじけてしまうので、成功体験も必要です。絶望の淵に沈み、そこから這い上がり、天にも舞い上がるような絶頂の喜びを味わい、しばらくして落ち着いたと思えば、再び絶望の淵に沈み、「神も仏もあるものか！」などと感じつつも乗り越え、また絶頂の喜びを味わう。このような人生の浮き沈みを体験することで、スキルアップして人生の達人となり、強く優しく謙虚な人となれるのです。

絶望の淵に沈んだ時には、もう二度と笑顔になれないと思うかもしれませんが、雨が続いても晴れの日は必ず来ますし、トンネルがどんなに長くても、出口のないトンネルはありません。寒い冬の後には必ず春が来ます。大切なことは、困難な状況に陥った時にこそ、現実を受け入れて、悟りの笑みを浮かべつつ、しっかりと現実を見極めることが大切なのです。

「現状はどうなっているのか」「どのようにしたら良い方向にむかうのか」「どこかにチャンスが埋もれていないか」「誰か協力者はいないか」。冷静に頭を働かせると、問題解決の糸口が見えてきます。

取り越し苦労というのは、「うまくいかなかったらどうしよう」と「悩む」ことを指します。取り越し苦労をせずに、「うまくいかせるためにはどうしたらよいのか」と「考える」ことで事態が一歩前進するのです。

繰り返しますが、「悩む」ことはつらく、「考える」ことは楽しい。よって、「こうしたらどうだろう」「こっちの方がいいかもしれない」「もっといい方法はないだろうか」「そうだ、あの人に相談してみよう」など、ワクワク感が出ることで、自分の能力がスキルアップし、人間的にも成長するのです。

地球上での体験には、偶然ではなく全ての事柄に意味があります。全ては自分にとって必要な体験であるということを忘れずに、将来に稔《みの》りをもたらす良き種を撒きつつ、一歩一歩前進していくことが大切です。

若い時には、身体機能がベストな状態にありますので、体を動かして楽しむのに適しているようになっています。

歳を重ねて壮年期になり、身体機能が衰えた時には、経験を通して培った頭脳を駆使しながら、さまざまなことを想像するのに適しているように思えます。

さらに歳を重ね老年期になり、身体機能が低下した時には、創造する楽しみから鑑賞する楽しみへ転換し、生きていることそのものに感謝して満たされて生きていくように出来ています。

急速に進む高齢化社会の中で、フレイル、サルコペニアという言葉を頻繁に耳にするようになりました。体を動かし頭脳を使い、創造的な人生をいつまでも送ることができるように努力すると同時に、感性に磨きをかけ、自分の周りにあるさまざまな素晴らしいものに感動できることができたとしたら理想といえるでしょう。

ニーチェの言葉に「人生は常に頂上に近づくほど困難が増してくる。寒さは厳しくなり責任は重くなる」というのがあります。登山をするにしても、裾野はなだらかな道をたどり、ハイキング気分で歩けますが、頂上に近づくと、急《きゅう》峻《しゅん》となり、大きな岩が行く手を阻み、冷たい雨風に吹きまくられ、なかなか前に進むことができません。語学検定や段位のある格闘技でも、頂上に近づくほど上のランクに上がることが厳しくなるものです。

ライフサイクルにおけるさまざまな変化

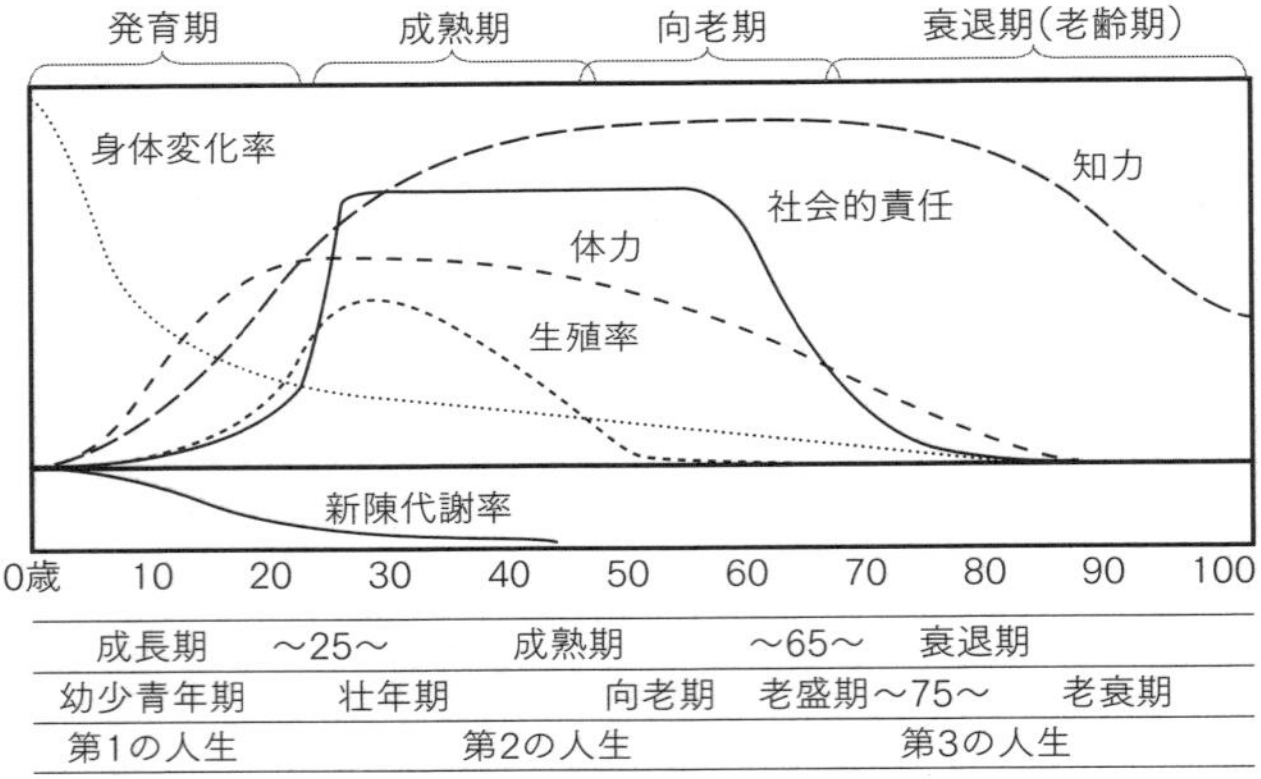

吉田寿三郎『日本老残ー 20年後の長命地獄』小学館，P.29，1974年

人間以外の動物は子孫を残す役割を果たすと同時に寿命が終わる運命にあります。人は生殖能力が減退した後も長く生きることができるように創られています。さまざまな体験を通して自らの人間性を成長させるという役割を果たすためなのだと考えられます。そのためには老いても夢と希望を持ち続け、常に新たなことにチャレンジし続ける必要があります。

もしあなたが、とてつもなく大きな試練に遭遇し、大きな壁に行く手を阻まれ、絶望の淵に沈んだときには、次のように考えてください。

「乗り越えられない試練はない」

「乗り越えるためのヒントや協力者が必ず現れる」

「乗り越えた暁には、この体験が良い思い出になり、この試練のおかげで自分はこんなに成長できたと感謝の気持ちを持つことができる」

「こんなに大きな試練を与えられるということは、自分にはそれだけの能力があるのだ！」

そのように考えて、冷静に打つ手を考えてみましょう。

人生の目的は、「**さまざまな体験を通して、自分のレベルアップをし、人生の達人**」になることです。冷たい風に打たれ、北風に吹かれようと、取り越し苦労をせずに、「今は自分に必要な体験をさせていただいている」と考え、冷静に一歩一歩前進していきましょう。

後になってその体験に感謝できることを信じて――。

Section 03

人間評価の尺度

人間の意識や能力を分析する方法

目の前にいる人の心の状態や能力（頭脳スキル）に関して、定量化されたデータを簡単に手に入れることができたとしたら、世の中の多くの人間の行動がロジカルに手に取るように理解できると思います。「身体」の健康状態を知るために人間ドックを受けると、さまざまな検査結果が分かります。それぞれの臓器の特性に応じて、侵襲が少なく、なおかつ簡便な各種検査方法が開発されています。身体のさまざまな情報を得ることは、今の健康状態を知り、今後の養生法を考えるためには有益です。

しかし、人間ドックの通知には、身体と同じくらい大切な「頭脳（能力）」や「心（気持ち・感情）」の状態に関しての記載は全くありません。

高齢化社会において、社会問題となっている認知症や精神病などの診断に関しても、生きている人の脳細胞を採取して検査することが困難な現状では、現代科学の技術を持っていても、ほんの一握りの情報を得ることしかできません。

現代の科学技術により、人間の心の情報をほぼ正確に捉えている検査方法はありません。あえていえば、虹彩診断《こうさい》（イリドロジー）は高度な精度で潜在意識の情報を得ることができるようですが、日本ではほとんど普及していません。

そのような状況の中で、心の中や頭脳の情報を正確に得るために私たちにできることは、自分の感性を研ぎ澄まして、「人を見る眼」を養うことだけだと思います。実際に眼で見て、耳で聞いて、その人の行動を確かめる、それ以上に正確な方法はありません。はじめのうちは、その人の作り笑顔や自信に満ちあふれた言葉にだまされることがしばしばあるかもしれません。しかし、失敗を繰り返すことにより、見抜く感性が研ぎ澄まされ、その人の眼を見ただけで、その人の人物像が手に取るように分かるようになります。まさに、「目は口ほどに物を言う」ということわざがあるとおりです。

心理頭脳ドック

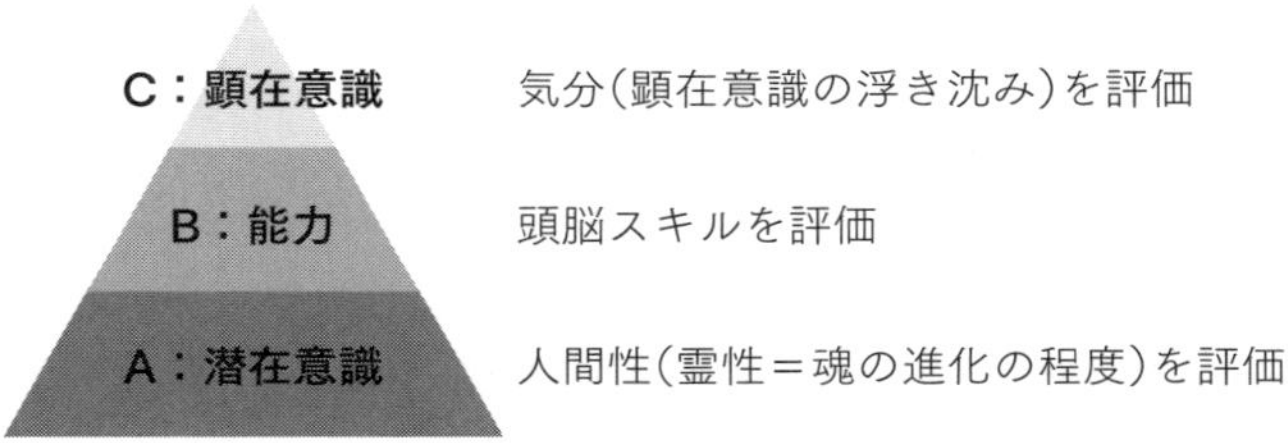

心理頭脳ドックとは

人の行動を詳細に観察してその人の顕在意識の状態、潜在意識の状態、頭脳スキルを判定量的に評価し、「人間ドック」とは全く別の次元である「心理頭脳ドック」として結果を表すことで、興味深い結果を得ることができます。

ご自身を含めた周りの人たちの**A)人間性**、**B)能力（頭脳スキル）**、**C)気分**の三項目に大別して評価する方法（上図）です（※これらの評価は、絶対的なものではなく、あくまでも相対的なものであることをご理解ください）。

これらを理解することで、日常生活で不可思議と思われるさまざまな疑問を解決することができます。例えば、「あの一流大学を卒業したのに、

心理頭脳ドック　結果通知表

A. 潜在意識：人間性（霊性＝魂の進化の程度）を評価

野獣　人間　神

−5　0　+5

欲望・愛	欲望		愛
利己心・利他心	利己心		利他心
誠実さ・責任感	誠実さ		責任感
恐怖心	恐怖心		恐怖心なし

B. 能力：頭脳スキルの評価

能力なし　スキルアップ

0　5　10

理解力	理解する能力
判断力	判断する能力
要約力	要約する能力
コメント力	コメントする能力
企画力	企画する能力
決断力・行動力	決断・行動する能力
記憶力	記憶する能力
洞察力	奥深く洞察する能力
時間的客観性	将来を見通す能力
空間的客観性	全体を見通す能力
イメージ力	画像イメージ能力
感謝の完成	感謝の気持ち

C. 顕在意識：気分（顕在意識の浮き沈み）を評価

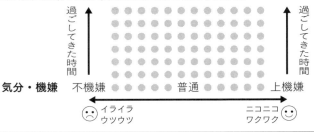

過ごしてきた時間

過ごしてきた時間

気分・機嫌　不機嫌　普通　上機嫌

イライラ
ウツウツ

ニコニコ
ワクワク

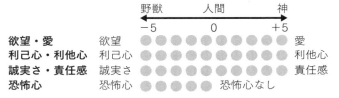

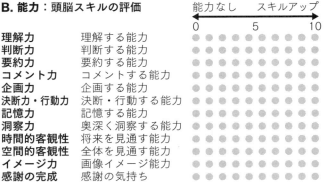

なぜあのような悪いことをするのだろう?」といった疑問を持つことがしばしば見られます。これは、「人間性」と「能力（頭脳スキル）」とを混同していることによって誤った評価をしてしまう典型的な例です。一流の大学に入るために必要なものは「記憶力」です。「記憶力」が優れた人間の中には、「人間性」の高い人もいれば、低い人もいます。「人間性」と「能力（頭脳スキル）」は別次元の問題であるということです。

また、「人間性」が高く「仕事の能力（頭脳スキル）」が高い人であっても、落ち込むことはよくあります。「気分」は顕在意識の浮き沈みのことであり、「人間性」や「能力（頭脳スキル）」とは異なる次元の問題です。

A. 潜在意識：人間性（霊性＝魂の進化の程度）の評価

		野獣 −5	人間 0	神 +5
欲望・愛	欲望	●●●●●●●●●●		愛
利己心・利他心	利己心	●●●●●●●●●●		利他心
誠実さ・責任感	誠実さ	●●●●●●●●●●		責任感
恐怖心	恐怖心	●●●●●	恐怖心なし	

A. 潜在意識＝人間性（霊性）の評価

前述しましたように、人間性の低い人間は、野獣と同じように本能の赴くままに行動します。彼らの行動を支配するものは「欲望」と「利己心」、そして「恐怖」です。好き勝手に行動し、都合の悪いときには無視（知らんぷり）をして、無責任な態度をとります。人間は成長すると欲望が消え、理性に基づいて行動するようになります。そして、自分のことだけでなく、周りの人たちに対しても心配りをするようになり、責任ある行動をとり、誠実に生きるようになります。さらに成長すると、周りの人に役立つことが喜びとなり、生き甲斐となっていきます。

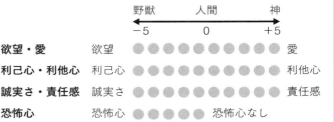

【反面教師(1)：素敵なお嬢様はマリー・アントワネット】（図1）の女性のように、「良い人だと思われたい」や「楽をして贅沢したい」という欲望が強くても、「他人から嫌われる恐怖」や「悪いことをして捕まる恐怖」があるために行動は自制され、社会の中では礼儀正しく笑顔の素敵な奥様と評価されます。しかし、犯罪者（図2）は「お金持ちになりたい」という欲望が強くても、「捕まる恐怖」や「他人から嫌われる恐怖」がないため、欲望のおもむくままに行動し犯罪を繰り返すことになります。

図1 A. 潜在意識：人間性の評価
～反面教師(1)：素敵なお嬢様はマリー・アントワネット～

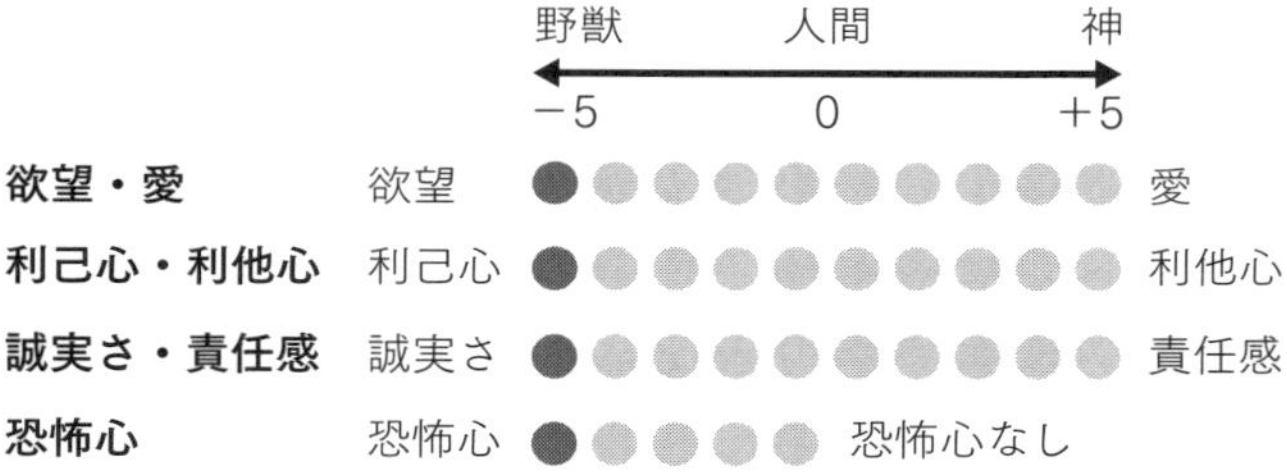

症例1の女性は良い人だと思われたい、贅沢をしたいという欲望が強かったが、他人から嫌われる恐怖が強いため社会性のある礼儀正しい人間として行動した。

図2 A. 潜在意識：人間性の評価
～犯罪者～

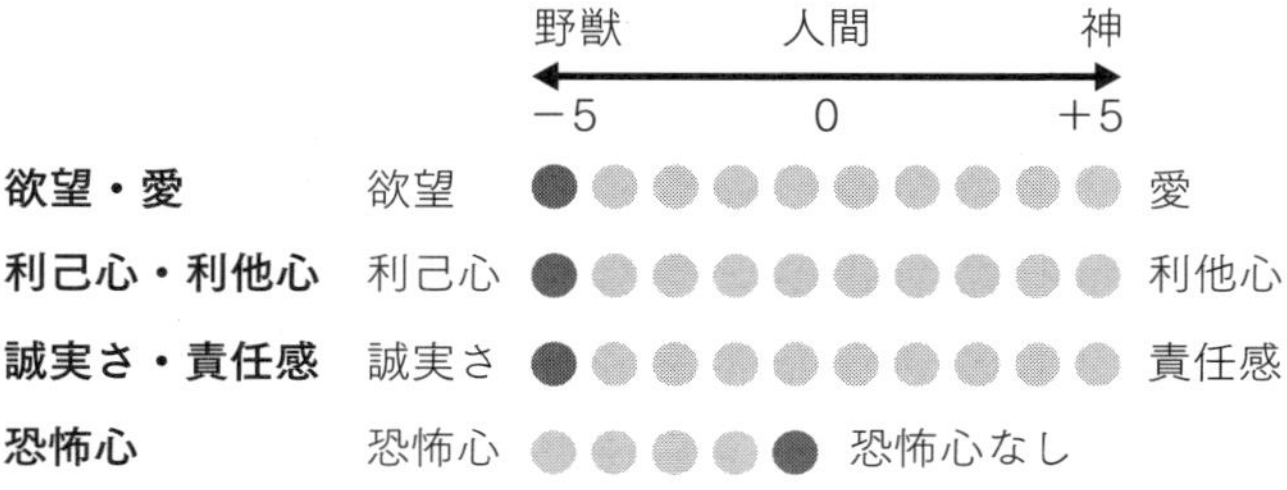

犯罪者はお金持ちになりたいという欲望があるが、捕まる恐怖がないため罪を犯し、反社会的な生き方をする。

B. 能力スキルの評価

現代が学歴社会であることは否定できません。競争社会においては、「記憶力」が高く欲望の強い人間が一流大学に入学し、一流企業に就職します。学校教育においては、テストで良い結果を出すために、知識を増やすことを第一の目標としています。「記憶力」を駆使し知識を増やすだけで、「判断力」や「企画力」「行動力」を高めるトレーニングは行われていません。

社会に出て必要なことは「将来のビジョンをイメージする時間的客観性」や「全体に目を行き届かせる空間的客観性」、そして「判断力」「行動力」です。高学歴であっても仕事ができない人間が存在する一方で、いわゆる一流大学と呼ばれる大学を卒業していないにもかかわらず、社会でリーダーシップを発揮している人がいることは自分自身でスキルを磨くことの大切さを物語っています。

B. 能力：頭脳スキルの評価

		能力なし → スキルアップ 0　　5　　10
理解力	理解する能力	● ● ● ● ● ● ● ● ● ●
判断力	判断する能力	● ● ● ● ● ● ● ● ● ●
要約力	要約する能力	● ● ● ● ● ● ● ● ● ●
コメント力	コメントする能力	● ● ● ● ● ● ● ● ● ●
企画力	企画する能力	● ● ● ● ● ● ● ● ● ●
決断力・行動力	決断・行動する能力	● ● ● ● ● ● ● ● ● ●
記憶力	記憶する能力	● ● ● ● ● ● ● ● ● ●
洞察力	奥深く洞察する能力	● ● ● ● ● ● ● ● ● ●
時間的客観性	将来を見通す能力	● ● ● ● ● ● ● ● ● ●
空間的客観性	全体を見通す能力	● ● ● ● ● ● ● ● ● ●
イメージ力	画像イメージ能力	● ● ● ● ● ● ● ● ● ●
感謝の完成	感謝の気持ち	● ● ● ● ● ● ● ● ● ●

【症例7：同族経営は二代でつぶれた】（図3）の男性社長のように、頭の中でさまざまなイベントを企画して周りの人を喜ばせるような才能に恵まれていたとしても、将来のことを見通す能力に欠け、行動力もないために部下がついてこない状況下で、行き当たりばったりの泥縄式の経営しかできませんでした。しかし、【症例12：女性社長の虚しい人生】（図4）の女性社長のように、企画力に優れ、周囲のことや将来のことを見通す力もあり、それに行動力が伴うと仕事は大成します。

図3 B. 能力：頭脳スキルの評価
～症例 7：同族経営は二代でつぶれた～

症例 7 の男性社長は、企画力、全体を見通す能力は優れていたが、将来のことを見通す力に欠け、行動力も欠けていた。

図4 B. 能力：頭脳スキルの評価
〜症例12：女性社長の虚しい人生〜

		能力なし → スキルアップ（0 … 5 … 10）
理解力	理解する能力	●○○○○○○○○○
判断力	判断する能力	●●○○○○○○○○
要約力	要約する能力	●●○○○○○○○○
コメント力	コメントする能力	●●○○○○○○○○
企画力	企画する能力	●●●○○○○○○○
決断力・行動力	決断・行動する能力	●●●●●○○○○○
記憶力	記憶する能力	●●○○○○○○○○
洞察力	奥深く洞察する能力	●●○○○○○○○○
時間的客観性	将来を見通す能力	●●●●●○○○○○
空間的客観性	全体を見通す能力	●●●●●○○○○○
イメージ力	画像イメージ能力	●●●○○○○○○○
感謝の完成	感謝の気持ち	●●○○○○○○○○

> 症例12の女性社長は将来を見通し全体を見通す能力に長け、企画力、決断力、行動力が優れていたため大成した

C. 顕在意識：気分(顕在意識の浮き沈み)を評価

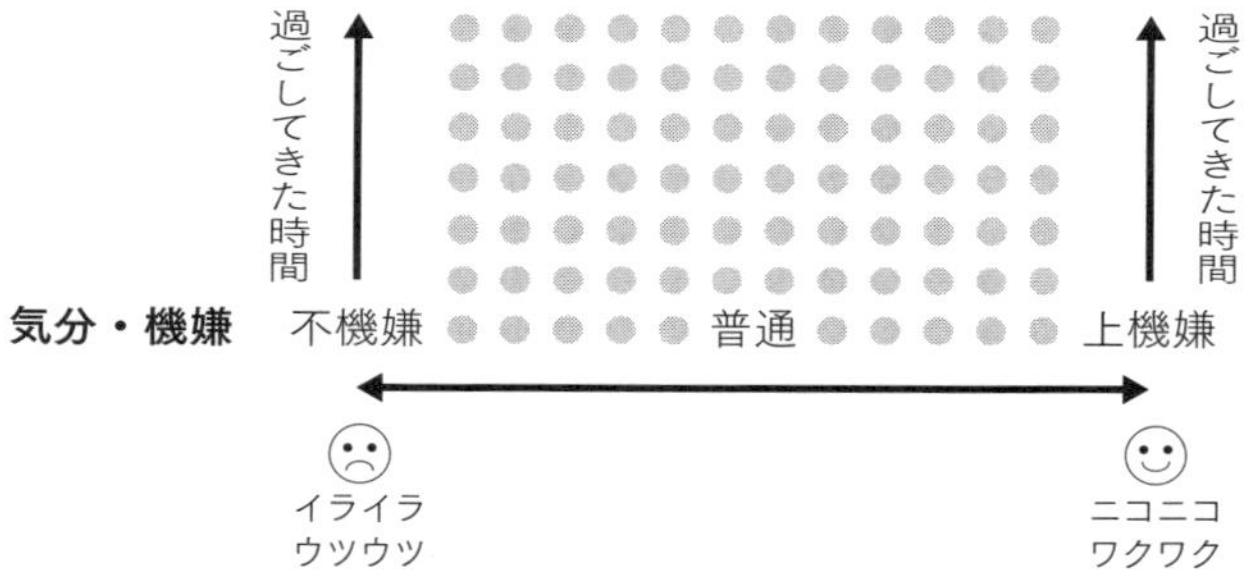

C. 気分（顕在意識の状態）の評価

「気分」は体調の影響を受けますし、環境の影響も受けますが、「気分」は自分の意思で変えることも可能です。人生のほとんどの時間をニコニコと上機嫌で過ごすことができたとしたら最高だと思います。上機嫌であればポジティブな考えができますし、周りの人たちに対しても優しく接することができます。たとえ健康で長生きができたとしても、人生の時間のほとんどが不機嫌であったとしたら、それはとても不幸なことです。

機嫌の良い人と機嫌の悪い人とが一緒にいると、二人とも不機嫌になる傾向があります。人間の気分（心のエネルギー）に関しては、「エネルギー保存の法則」が成り立たないというのが現実です。たとえ不機嫌な人が周りにいようとも、その人に引きずられて不機嫌になるのではなく、隣にいる不機嫌な人を上機嫌にするだけのパワーを持たなければなりません。そうするために、普段から自分の気分をチェックすることは大切なことなのです（前頁図）。

【症例7：同族経営は二代でつぶれた】（図5）の男性社長は、将来のことはあまりクヨクヨ考えない楽観的な性格で、失敗しても落ち込まず、ユーモアのセンスがあり、周りの人を喜ばせる能力に長《た》けており、仕事はうまくいかなかったものの、人生の大半を笑顔のある上機嫌で過ごせました。ところが、【症例12：女性社長の虚しい人生】（図6）の女性社長は、仕事のスキルに優れ、行動力もあり、ビジネスでは成功を収めました。人前では笑顔を絶やさない彼女でしたが、実は常にイライラ、ウツウツしていました。そして孤独な人生を送りました。

職場においても、家庭内においても、自分から溢れるエネルギーで、隣にい

図5　C. 顕在意識：気分(顕在意識の浮き沈み)を評価
～症例7：同族経営は二代でつぶれた～

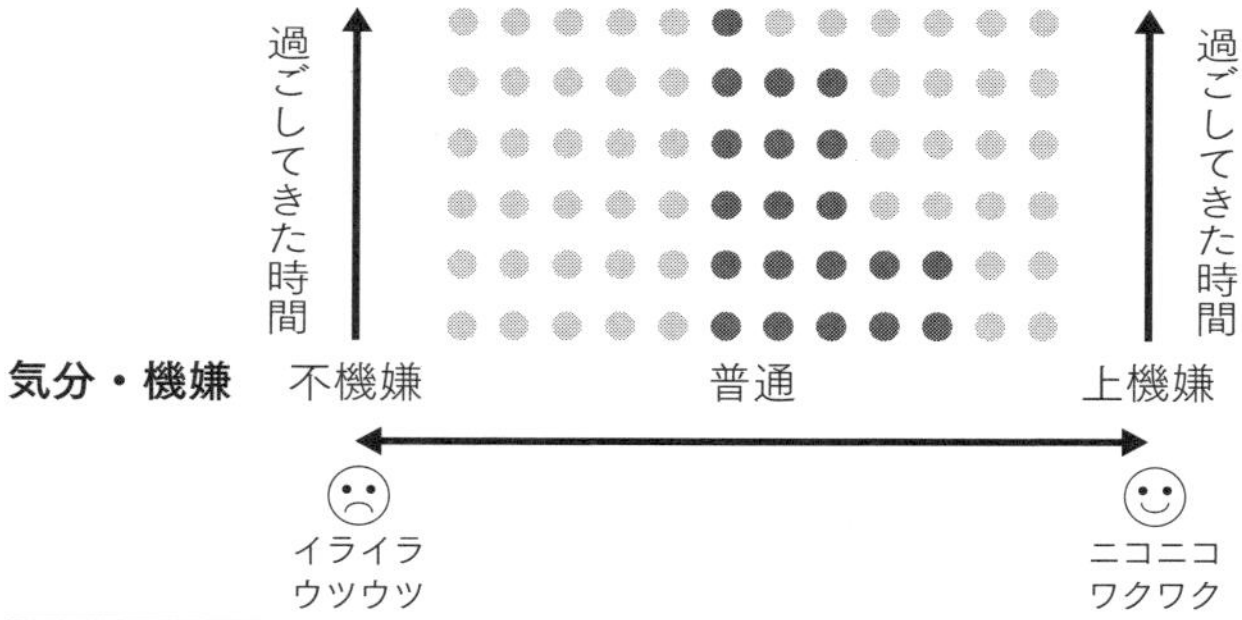

症例7の男性社長は楽天的な性格であり、仕事は大成しなかったが愛想よく上機嫌で過ごした。

図6　C. 顕在意識：気分(顕在意識の浮き沈み)を評価
～症例12：女性社長の虚しい人生～

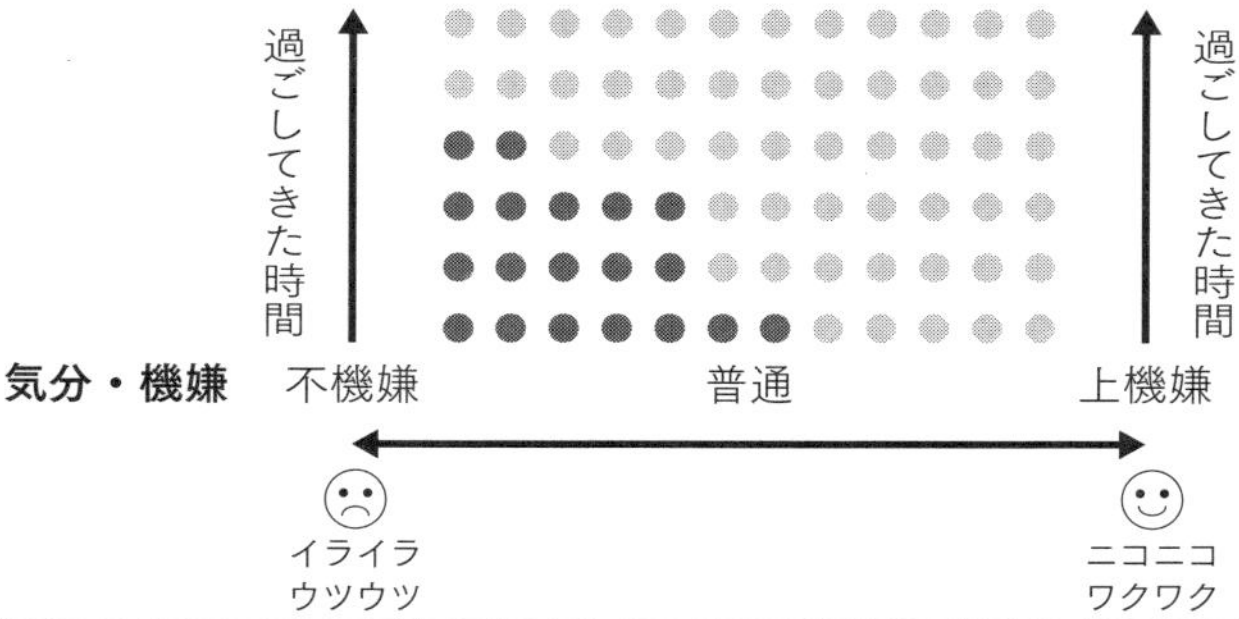

症例12の女性社長は仕事のスキルに優れて行動力もあり、ビジネスは成功したが孤独で暗い人生を過ごした。

る人を太陽のように温めて、その場が明るくなるように心がけることです。生きている間に、強くたくましく謙虚になり、環境に振り回される人間から環境に影響を与える人間にならなければなりません。

最高の人生を送るために

前述したように、人生の目的は「**さまざまな体験を通して、自分のレベルアップを図る**」ことです。仕事を通して、「**能力（頭脳スキル）**」を磨くだけでなく、「**人間性**」の向上、そして「**気分**」よく上機嫌でいられる時間を増やす努力が必要です。昔は些細《ささい》なことで、腹を立てて文句の一つや二つ言わないと気が済まなかったことが、歳を重ねて相手を受け入れて許すことができ、ニコニコと上機嫌でいられるとしたら、それは人生における最高の宝物なのだと思います。

人生という地球上での学びの園で、充実した時間を過ごすために、反面教師が教えてくれた教訓や、ティーブレークの教え、人間評価の尺度（人間性・能力・気分）などで自分の状態チェックをし、理想の自分を描きながら更なるレベルアップを目指して、日々ゴールに向かって歩んでいただければ幸いです。

おわりに

人生をうまく生きるために必要なことは、学校では教えてくれません。また、家庭でも教えてくれません。書店に行っても、真の意味での良書はほとんどなく、流行を意識した受けの良い本しか並んでいません。そんな現状において、生きることに悩む多くの人たちのための分かりやすいバイブルになればと思い、私が今までに得た知恵を本にまとめてみました。

この本に記載された文章は、決して学術書や哲学書のような難しい内容ではありません。普段の生活の中で、日常茶飯事に起こっている出来事を文章にしたものです。日常では当たり前と感じて何も考えずに通り過ぎていた内容かもしれませんが、「確かにそんなこともある！」「言われてみれば確かにそのとおりかも！」「突きつめて考えてみると、なるほどそういうことなのかもしれない」と思い当たるような内容の本になるよう工夫してみました。

身の回りのさまざまな問題に悩んでいる人であれば、この本に書かれた内容は、きっと染みとおるように心の中に入っていくと思います。中学生でも理解できるような優しい表現をしているからです。しかし、物事を深く考えずに本能の赴くままに走っている人にとっては、全く関心がない分野であり、最高学府を卒業した人の中にも、本書の内容を理解し難い人は大勢いると思います。

科学の進歩に伴い、自然現象や身体の生理を科学的に分析することが可能になりました。それにより、日常生活に便利な道具が発明されたり、病気の治療法もどんどん開発されたりしてきました。しかし、心の世界を定量化して評価することは、最先端の科学技術を使って調査しても不可能です。心の世界の分析を、既知の科学的手法（実験的証明、統計学的証明、文献的考察）で行うことは困難であるため、昔の偉い心理学者が唱えたとんでもない論理が、金科《きんか》玉条《ぎょくじょう》のようにもてはやされ、心理学の教科書をにぎわせています。

民族地理学者の川喜田二郎先生が、野外科学という新たな科学的手法を開発され、ＫＪ法として開発されました。ありのままの現場に取材し、定性的なデータ群という渾沌《こんとん》から仮説そのものを発想する方法として生み出されたものが野外科学という概念であり、ＫＪ法なのです。

今回、私はＫＪ法のようにカードを用いたわけではありませんが、その代わりに、自分の頭のスクリーン中にデータをインプットして、分析を行いました。私自身の周りにいる何十人もの事例に関して、数十年にわたる生活史を、自分の頭の中にデータとしてインプットし、その中からさまざまな法則を見つけ出す努力をしてきました。

学校の先生は、自分が教育した生徒の十年後、二十年後、五十年後にどうなっているのかを知ることはできず、考えることすらできません。心療内科の先生やカウンセラーの先生も、目の前にいるうつ病の患者さんの母親と会うことはできます。しかし、その母親が子供に対して、日常的にどのような言葉をかけていたのかという情報までは得られず、過去にさかのぼってまでは分析できません。心の世界に関わる人の誰もが、目の前の患者さんの心の状態と、その人を取り巻く環境しか評価の対象としていないのです。

時間的にもっと長く、空間的にもっと広く、さらに客観的に人間の成育史と心の状態を評価しなければ、心の世界の真実を解き明かすことはできません。

本書にご登場いただいた十二名の反面教師の方々は、誰もが自分は前向きであり、努力家で、責任感にあふれ、この世の中の平和を願う善良な市民であると思っています。ところが、彼らの行動を近くから観察して分析すると、利己的で、本能的で、誠実さに欠けるような行動を頻繁にとっているにもかかわらず、自分ではその行動に気づいていないことが分かります。

この本をお読みいただき、ご自身が考えている自分（顕在意識）とご自身の行動を無意識に制御している自分（潜在意識）との違いを改めて認識していただき、ご自身の行動パターン（潜在意識）のレベルアップに向けて努力していただきたければ幸いです。


サーフィンをするために海辺に行く人は、波に乗ってはバランスを崩し、水に落ちる。また乗っては落ちる。それを繰り返してサーフィンの達人になっていきます。まさに、転んでもただでは起きないという、七転八起の精神でチャレンジしています。なぜなら、一流のサーファーになりたいという目標があるからです。

一方で、海辺には、日焼けオイルを塗りたくり、けたたましい音量で音楽をかけて日光浴し、ビールを飲んではしゃぎ騒ぐ人もいます。彼らには、海水浴を楽しみたいという思いがあります。

海辺におけるこの二通りの過ごし方は、人生に置き換えることができます。前者は、さまざまなことにチャレンジし、さまざまな体験を通して多くを学び、人間としてのスキルアップすることを喜びとする人たちです。後者は、それとは対象的に、楽をして愛されて、お金持ちになりたいと考えて生きていく人たちです。前者のような生き方をすれば、強くたくましく、謙虚で優しい素晴らしい人間になれます。後者のような生き方をすれば、感情的で、頑固で、利己的で、横柄な人間のまま生涯を終えます。

子育てに関しても、二通りに分けられます。厳しく、そして優しく育て、低燃費で頑丈でパワフルな強くたくましい人間として成長させることを目指すのか、それとも、かわいいから可哀想だからという思いで、過保護・過干渉に育て、お坊ちゃん、お嬢ちゃんともてはやして、弱々しく自立できない依存的な人間にしてしまうのか。

本書では、人の人生の長いスパンをそれぞれ個別に分析することで、人生を客観的に捉えることができたのではないかと思っています。彼らの失敗から学んだ数々の教訓を胸に刻み込むことで、「どのように生きることが理想なのか」という問いに対する答えが、自ずと見えてきたのではないかと思います。

皆様が、本書に記された先人たちの多くの失敗談から、ご自身に必要な教訓を身につけていただき、今後の素晴らしい人生を送る上で役立てていただくことができたら、筆者にとって、これ以上の喜びはありません。

平成三十年　初春

柳　愛実子

〈著者プロフィール〉

柳 愛実子（やなぎ えみこ）

2014年に株式会社Love Lettersを設立。2017年紅茶専門店Dio Del Téを千葉県浦安市に開業。現在は、紅茶を淹《い》れながらカウンセリングやコーチング、コンサルティングなどを実施し、人間関係や仕事で悩む人たちに夢と希望を与えている。

人のふり見て我がふり直せ
～反面教師に学ぶ生き方レシピ～

2018年5月15日　　初版第1刷発行

著　者／柳 愛実子
写　真／田里弐裸衣
発行者／韮澤潤一郎
発行所／株式会社たま出版
〒160-0004 東京都新宿区四谷4-28-20
☎ 03-5369-3051（代表）
http://tamabook.com
振　替　00130-5-94804
組　版／マーリンクレイン
印刷所／株式会社エーヴィスシステムズ
装　幀／クリエイティブ・コンセプト

乱丁・落丁はお取替えいたします。
ISBN978-4-8127-0416-5 C0011